NOTICE

SUR

MGR DU MARHALLAC'H

PROTONOTAIRE APOSTOLIQUE

VICAIRE-GÉNÉRAL DU DIOCÈSE DE QUIMPER

ANCIEN AUMÔNIER DE MOBILES

ANCIEN DÉPUTÉ

CHEVALIER DE LA LÉGION-D'HONNEUR

Par l'Abbé ROSSI

CHANOINE HONORAIRE

Mon fils, monte aux autels, là mon nom doit mourir.
On nous l'avait prédit ; mais la main paternelle
Du Dieu qui te reçoit à l'ombre de son aile,
Déjà l'inscrit au ciel, où rien ne peut périr.

QUIMPER

TYPOGRAPHIE ARSÈNE DE KERANGAL

IMPRIMEUR DE L'ÉVÊCHÉ

1891

NOTICE

SUR

MGR DU MARHALLAC'H

PROTONOTAIRE APOSTOLIQUE

VICAIRE-GÉNÉRAL DU DIOCÈSE DE QUIMPER

ANCIEN AUMÔNIER DE MOBILES

ANCIEN DÉPUTÉ

CHEVALIER DE LA LÉGION-D'HONNEUR

Par l'Abbé ROSSI

CHANOINE HONORAIRE

Mon fils, monte aux autels, là mon nom doit mourir.
On nous l'avait prédit ; mais la main paternelle
Du Dieu qui te reçoit à l'ombre de son aile,
Déjà l'inscrit au ciel, où rien ne peut périr.

QUIMPER

TYPOGRAPHIE ARSÈNE DE KERANGAL

IMPRIMEUR DE L'ÉVÊCHÉ

—

1891

MONSEIGNEUR DU MARHALLAC'H

Les desseins de Dieu sont pleins de mystères, qu'il s'agisse des événements les plus considérables de la vie d'un peuple, ou simplement de la direction imprimée par lui à la vie d'un seul homme. Le chrétien, éclairé par les lumières de la foi, sait que tout doit concourir à la plus grande gloire du Maître suprême et divin, non moins qu'au plus grand bien de ses serviteurs et de ses enfants. Il voit la trame et l'enchaînement des faits généraux préparés et voulus, dès qu'ils se sont accomplis, et il en reconnaît la profonde sagesse : de même, quand un homme a quitté ce monde et laissé derrière lui un vide considérable, il se dégage de sa vie tout entière et de ses derniers moments une lumière qui se projette sur son passé, et une leçon précieuse pour ceux qui restent après lui, dans la mêlée.

Mais, si cet homme s'éteint dans les étreintes d'incroyables douleurs supportées avec une admirable patience, après avoir dans le cours de sa longue existence épuisé toutes les souffrances morales ; si cet homme, le dernier de sa race et de son nom, a voulu, sa famille tout entière descendue dans le tombeau, par le sacerdoce, se créer une nouvelle famille et s'imposer de nouveaux devoirs ; si enfin cet homme devenu prêtre s'est renfermé dans le silence et le recueillement avec ses morts, dont il s'est, pendant plus de quinze ans, constitué le chapelain, avant de se livrer aux choses du dehors et aux affaires extérieures, ne peut-on pas dire que ce prêtre humble et distingué, timide et vaillant, était prédestiné pour la souffrance, le deuil et la croix. Dieu se choisit çà et là des âmes qu'il marque pour la douleur : il les trempe merveilleusement dans son amour, leur donne une force de concentration en elles-mêmes qui centuple leurs peines, et leur porte de ces coups qui blessent sans irriter, et font saigner sans affaiblir : ces-plaies là ne se cicatrisent jamais, et on emporte avec soi dans la tombe le secret de ses tristesses, de sa résignation et de sa vie.

Telle nous apparaît cette grande, noble et sainte figure de Mgr du Marhallach : tous ceux qui ont connu ce vénéré prélat, reçu ses rares confidences et sondé son cœur, n'oublieront jamais l'impression de respect extraordinaire, de déférence religieuse qu'il inspirait. Il était évident qu'il y avait là de grandes douleurs, sur lesquelles le sacerdoce avait jeté comme un voile : on se sentait en présence d'un prêtre éminemment voué à tous ses devoirs, mais pour qui la vie présente n'est qu'un temps d'arrêt avant de rejoindre ceux qui l'avaient quittée si tôt ; plusieurs même se hâtaient de traiter les affaires pour ravir moins de temps à son isolement et à sa solitude : enfin on le quittait comme on quitte une grande victime que Dieu s'est réservée, et qui ne refuse ni de souffrir ni de mourir.

En écrivant cette Notice nous voulons mettre en pleine lumière un beau caractère, une intelligence très cultivée, un homme du monde supérieur, un prêtre accompli. Cette tâche nous est douce : les plus anciennes et les meilleures relations rapprochaient sa famille et la nôtre, avec les différences que comportaient les distances de situation et de position : d'un côté la bonté, la condescendance gracieuse et la protection efficace, et de l'autre, le respect, le dévouement entier et l'attachement sincère. Aussi, nous nous estimions trop heureux de l'entourer de nos soins pendant cette maladie longue et cruelle : nous aurions voulu faire encore davantage : les dettes de cœur ne se paient jamais complètement.

Mgr du Marhallac'h était le dernier rejeton d'une très ancienne et illustre famille de Cornouailles : en 1248, un Jean du Marhallac'h était aux Croisades ; son blason se trouve dans la salle des Croisés à Versailles. Dans les archives du château qui porte son nom en Plonéis, on garde un aveu de René du Marhallac'h, consenti à René, vicomte de Rohan, en 1540 : le seigneur du Marhallac'h relevait alors du prince de Léon-Guéménée. Un autre aveu, daté de 1560 et rendu par un sieur du Marhallac'h, écuyer, et un acte de vente au profit de Jean du Marhallac'h, chantre et chanoine de Quimper en 1598, sont les documents les plus anciens, précieusement conservés par le neveu de Mgr du Marhallac'h, M. le vicomte de Carné, ancien lieutenant de vaisseau, chevalier de la Légion-d'honneur. D'autres papiers, non moins importants, établissent les prérogatives et privilèges nombreux dont jouissait cette noble famille, tant dans l'église de Plonéis que dans celle de Plozévet : nous ne nous y arrêterons pas, il suffit de rappeler les droits des du Marhallac'h sur une chapelle de la cathédrale, du côté de la sacristie ; on y voit leurs armes, placées en bosse, d'or à trois orceaux de gueules, avec la devise : *Usque ad aras, jusqu'aux autels* (1). Dans le caveau de cette chapelle, où l'on a trouvé de nombreux ossements, a été inhumé Mgr Nouvel, de douce et sainte mémoire.

M. Jean-Félix du Marhallac'h avait eu de son mariage avec Mlle Marie-Gertrude de Carcaradec, quatre enfants, deux garçons et deux filles : l'aîné des garçons mourut jeune ; les deux filles épousèrent, l'une M. le comte de Carné, auteur de livres très estimés et membre de l'Académie française (2) ; l'autre M. l'amiral de la Grandière, resté célèbre dans la marine et la diplomatie, pour ses grands services rendus à l'Etat par la fermeté de son commandement, et l'annexion de trois provinces à nos possessions de la Cochinchine, par sa seule force morale, sans qu'il ait été même nécessaire de tirer l'épée.

Le second des garçons, qui fut plus tard Mgr du Marhallac'h, naquit à Quimper dans une maison de la rue du Quai, le 8 Septembre 1808, fête de la Nativité de la Très-Sainte Vierge. Baptisé le jour même à Saint-Mathieu, il reçut le nom de Félix.

Les rares contemporains qui lui survivent aujourd'hui

(1) Ce sont les mêmes armes que celles des seigneurs de Coatfao, de Pluguffan, dont la maison du Marhallac'h est sortie.

(2) Nous sommes heureux de pouvoir donner la liste des ouvrages de M. de Carné : on verra tout ce que cet homme de bien a produit. Outre nombre d'articles très remarqués dans les revues de l'époque, il a publié : *Un Drame sous la Terreur, Guiscriff* ouvrage de sa première jeunesse ; *Les Fondateurs de l'Unité Française*, études historiques ; *Des Intérets nouveaux en Europe depuis la Révolution de 1830*, 2 vol. in-8 ; *Etudes sur l'Histoire du Gouvernement représentatif en France, de 1789 à 1848*, 2 vol. in-8 (ouvrage couronné par l'Académie Française ; *La Monarchie Française au dix-huitième siècle*, Etudes historiques sur les règnes de Louis XIV et de Louis XV, un volume ; *Les Etats de Bretagne et l'administration de cette province jusqu'en 1789*, 2 vol. in-8° ; *Souvenirs de ma jeunesse*, publiés en 1870.

nous disent que sa première enfance fut difficile. Il en convenait. Son père était le type achevé du gentilhomme aimable, gracieux et à l'air ouvert. Il avait connu les mauvais jours de la Révolution. Emigré à Coblentz, il servit dans l'armée de Bouillé, et endura les plus grandes privations ; mais, son humeur douce et expansive s'accommodait de tout, il avait un bon sourire pour tout le monde, et charmait par une conversation élevée, instructive et pleine de bonhomie. Les hommes de cinquante ans aiment encore à se rappeler ce beau vieillard de taille moyenne, aux longs cheveux blancs, si indulgent pour leur âge, ayant toujours le mot pour rire, et une tabatière à bonbons où l'on mettait volontiers ses petits doigts.

M. du Marhallac'h avait occupé des charges importantes, représenté le Finistère à la Chambre sous la Restauration, à la grande satisfaction du pays, et présidé le conseil général dans des circonstances difficiles. Il mourut chevalier de St-Louis et de la Légion d'honneur le 13 octobre 1858 : sa femme l'avait précédé dans la tombe le 2 décembre 1850.

La nature de M. du Marhallac'h contrastait étrangement avec celle de son fils : ce dernier, vif, téméraire et emporté parfois jusqu'à la colère, restait muet devant son père ; il s'échappait de la maison paternelle pour quereller ses camarades, leur administrer et recevoir quelques-unes de ces bonnes frottées — c'est le mot du temps, dont le souvenir ne lui était pas désagréable jusque sur son lit de mort. Plus d'une fois le père désespéra du développement de son fils — ce dernier n'avait pas huit ans ! Tremblait-il devant son père, se sentait-il quelque peu éteint par lui, ne trouvait-il pas au foyer de la famille l'aisance et la liberté, dont les enfants ont tant besoin pour exprimer leurs pensées, ne pas craindre de dire les étourderies de leur âge, et exposer, à bouche ouverte, leurs défauts et leurs qualités ? Nous l'ignorons, mais quand vint l'heure du travail, si redoutée des enfants, M. du Marhallac'h confia son jeune fils à dresser aux ecclésiastiques qui dirigeaient alors le collège de Quimper.

A cette époque, 1816, les collèges et maisons d'éducation étaient rares ; l'instruction n'atteignait point le développement qu'elle a aujourd'hui : on sortait des guerres de l'Empire, les yeux pleins des larmes qu'elles faisaient répandre, et les oreilles tintaient des victoires de Napoléon. On se remettait de toutes parts au travail d'une restauration intérieure que l'Empereur avait commencée, puis troublée, et enfin abandonnée, pour suivre les phases d'une guerre européenne, qui tourna contre lui et ruina le pays.

Le Finistère fut un des premiers départements dans lesquels l'enseignement se réorganisa vite et bien, grâce au concours empressé du clergé : le collège de Quimper recevait un nombre très considérable d'élèves, il servait même de Petit-Séminaire. Les études y étaient fortes, la discipline sévère, et les mœurs irréprochables. Mgr du Marhallac'h n'y resta que deux ans ; ses progrès furent si lents que son père résolut de l'éloigner et de le confier aux Révérends Pères Jésuites, alors chargés du collège de Ste-Anne d'Auray.

Le jeune Félix du Marhallac'h goûta médiocrement ce changement ; l'internat dans une maison austère, sous une férule impitoyable, n'était pas fait pour plaire à son humeur batailleuse et légèrement rebelle. Lui-même l'avouait plus tard ; il aimait à raconter en peu de mots, mais avec ce fin sourire qui annonçait plus d'une malice, quelques-uns de ces bons tours d'écolier, qui lui avaient valu son internement à Sainte-Anne. Nous n'en rapporterons qu'un seul : pendant un séjour que son père fit au Pérennou, le jeune Félix avait été placé en pension à Bourg-les-Bourgs, dans une famille amie. Une brave femme, au service des du Marhallac'h, la mère Michel, avait pour mission de le conduire au collège : ce n'était point une mince corvée, il fallait souvent le traîner et quelquefois même le porter ; mais quel que fût le mode de se rendre au collège, par les rues qui n'étaient jamais celles que voulait cette bonne femme, il y avait deux fois par jour, au coin de la rue des Boucheries, une petite scène qui égayait le quartier. Sur une des maisons à l'angle se trouvait une statue de la Sainte-Vierge, et la mère Michel ne manquait jamais d'ordonner à l'enfant de se découvrir en passant devant ; celui-ci refusait, exigeait qu'elle-même s'inclinât la première, et très profondément encore, sous peine de recommencer plusieurs fois sa révérence ; et quand cette dernière s'était exécutée à ses souhaits, il saluait si le temps était beau, et s'entêtait à ne point le faire, si le temps était à la pluie ; de là une scène des plus drôles, à laquelle, paraît-il, un grave chanoine s'arrangeait toujours pour assister, et riait de bon cœur, sans respect pour l'autorité de la mère Michel. Ce souvenir d'enfance, raconté par le vénérable prélat, avait dans sa bouche quelque chose de piquant : en entendant ce récit et bien d'autres vivacités, on mesurait avec admiration le chemin parcouru par cet enfant devenu l'homme le plus doux et le prêtre le plus patient, non par nature, mais par vertu.

Au reste, ces défauts dans un enfant, vivacité extrême et ardeur bouillante, nous déplaisent moins qu'une apathie sans vie et une facilité désolante qui consent à tout ; ils accusent une nature riche et pleine de ressources, une volonté qui, bien dirigée, ne déviera jamais et mettra en tout une suite et un ordre parfaits. Sans doute, quelques maîtres peuvent, à certains jours, préférer une placidité qui écarte les affaires et les chocs, mais combien il y a peu de fonds à faire sur elle pour les combats de l'avenir ; là, le ressort de la volonté manque et peut-être aussi l'intelligence, pendant que dans ces caractères entiers, s'ils tournent bien, il y a le germe de toutes les grandeurs, le principe d'une force de résistance, dont le besoin s'impose de plus en plus. Dans ces natures d'élite, la sève circule exubérante peut-être ; le grand effort de la vie sera de la conduire toujours, de la comprimer parfois, mais jamais de la supprimer.

Au collège de Sainte-Anne, le jeune du Marhallac'h rencontra, avec des maîtres dévoués et choisis, de vrais camarades. Ses maîtres le suivirent de plus près et le comprirent mieux ; ses camarades s'attachèrent à lui pour la vie et lui rendirent, au point de vue scolaire surtout, par le procédé de l'enseignement mutuel, d'inappréciables services. De son côté, il apprit à connaître et à aimer la Compagnie de Jésus, et il lui resta fidèle jusqu'à la fin. Cependant son séjour dans cette maison d'éducation ne fut pas de longue durée ; son père, obligé de résider à Paris pour satisfaire à ses devoirs de député, l'y conduisit et le plaça au lycée Sainte-Barbe. Ses nouveaux condisciples, en voyant arriver un jeune Breton, crurent qu'ils pourraient facilement exercer sur lui les brimades d'usage ; mais, en petit Breton qui n'attaque jamais le premier, il reçut si bien et si mal le premier qui le plaisanta pour le tâter, qu'il demeura évident pour tous qu'il ne ferait pas bon de lui chercher affaire, et on le traita de *Sicambre* ; le fier Sicambre, resté maître du terrain, acquit cette auréole qui s'attache aux élèves qui ont, par bonheur, les poings solides et la riposte rapide : elle le protégea jusqu'à la fin de ses études. — Que de difficultés se règlent ainsi très opportunément dans ces petits mondes, où il ne fait pas bon d'être le plus faible, et cela sous l'œil des surveillants qui, le plus souvent, très sagement, détournent la tête pour ne point voir ces règlements en famille.

Le jeune du Marhallac'h, en même temps qu'il faisait de brillantes études et passait avec honneur des examens difficiles, conserva sa foi tout entière avec une noble fierté, et ne s'écarta jamais d'une seule des prescriptions de l'Église. Au reste, Sainte-Barbe était alors fréquenté par beaucoup de jeunes gens qui ont rendu au pays les meilleurs services, et laissé le souvenir d'hommes éminents par leurs convictions chrétiennes et l'intégrité de leur vie. Le voisin d'études, l'ami préféré, était le comte de Montalembert, bientôt illustre par sa *Vie de Sainte-Élisabeth* et ses discours politiques. Les immenses services rendus à la sainte Église qu'il appela publiquement sa Mère, et dont il défendit avec autant de talent que de cœur les droits dans une circonstance célèbre, lui auront mérité près de Dieu, qui n'oublie rien, le pardon d'un moment d'égarement.

Toutes les carrières s'ouvraient devant le lycéen de Sainte-Barbe : on crut qu'il choisirait l'armée, il n'en fut rien, il préféra rester à Paris et y suivre les cours de droit. Il pensa qu'il pouvait ainsi se rendre utile, et subit ses examens de licence avec succès. Il aimait la vie de Paris, c'est lui-même qui nous l'a répété : son goût pour l'étude y trouvait pleine satisfaction, et on demeure surpris de voir qu'il ait réussi à mener de front tant de travaux différents. Il se fit étudiant en médecine, pratiqua les hôpitaux et assista avec une admirable assiduité aux cours des plus célèbres praticiens, qui l'avaient remarqué et l'aimaient. Cependant il ne prit aucun grade ; dans sa pensée il ne voulait point exercer la médecine, mais seulement se préparer à venir en aide aux pauvres et aux nécessiteux, qui plus tard viendraient à son château lui demander un premier conseil et quelques médicaments.

Son temps pris par ces fortes études lui laissait cependant quelques loisirs, il s'occupa beaucoup de littérature, et à force de travail il se fit un style à lui, vif, délicat et original. Nous citons plus loin quelques-unes de ses lettres, elles sont pleines de fraîcheur et de jeunesse ; les discours de mariage qu'il eut occasion de lire sont aussi tous des modèles achevés du genre. Il connut dans l'intimité plusieurs des auteurs dont les ouvrages faisaient alors le plus de bruit : il lisait beaucoup, appréciait bien, et sa mémoire fidèle retenait tout. C'est ainsi qu'il pouvait, l'année dernière encore, citer à Monseigneur l'Évêque de Beauvais, sans effort aucun, à notre grand étonnement et presque à notre honte, de longs passages qu'il avait lus autrefois. Il ne restait étranger à rien de ce qui paraissait, et il aimait à juger sur textes ceux qu'il appelait en riant « les papas de la littérature moderne. » Plus tard quand éclata la grosse question des romantiques et des classiques, il la suivit de très près, et y prit le plus vif intérêt : on voit les traces de ses préoccupations dans des analyses volumineuses qu'il fit de leurs livres et qui ont été détruites sur son désir. Nous ne savons pas le parti auquel il se serait rallié le plus volontiers ; il avait l'intelligence éprise des œuvres sérieuses et des auteurs les plus nourris ; un mois avant sa mort il se fit lire la magnifique préparation à la mort, de Bossuet ; il en savourait les sublimes pensées, et cependant son esprit appréciateur délicat du beau partout où il le trouvait, *moderne* par plus d'un côté, resta jeune en dépit de l'âge : on en jouissait vraiment quand il se livrait et se montrait tel qu'il était.

Cette vie laborieuse, retirée, lui plaisait. Logé chez un parent (1), et disposant d'une modique pension servie mensuellement par son père, il ne prit aucun goût de dépense, et s'habitua à cette vie modeste, continuée plus tard, quand il se trouva à la tête d'une belle fortune. En ce temps-là les parents tenaient sévèrement leurs enfants, limitaient leurs dépenses et faisaient sentir d'une façon austère l'autorité, dont ils ne se départissaient jamais. Hélas ! il n'en est presque plus de même aujourd'hui. Le jeune étudiant ne s'en plaignait point, et bien qu'il trouvât son budget fort modeste, il s'en tirait assez bien, sauf à réduire son ordinaire à des prix invraisemblables de bon marché et de simplicité les jours où il voulait se donner quelque honnête distraction, comme à Paris, il s'en rencontre pour les jeunes gens studieux qui aiment les arts.

Non content d'apprendre tout ce qui était à sa portée, il résolut de voyager pour son instruction, et partit pour l'An-

(1) M. le comte de Gourcuff, qui établit les Assurances Générales, les premières fondées en France.

gleterre avec M. de la Villemarqué, l'éminent membre de l'Institut, une des gloires de la Bretagne contemporaine. Ils visitèrent surtout le pays de Galles et assistèrent à des réunions dans lesquelles on fit les plus curieux rapprochements entre la langue du pays et le Bas-Breton. Mgr du Marhallac'h avait conservé de ce voyage le plus agréable souvenir ; il en parlait souvent et racontait certaines épisodes fort gais qui n'ont point leur place ici. Il en rendit compte dans le *Journal des Débats*, 19 et 22 Octobre 1838.

Quelque temps auparavant, il était parti pour l'Italie, accompagné de son cousin, M. de Carcaradec, et y fit un long séjour. Rome surtout l'attira, le captiva ; dans les différents voyages qu'il eut occasion d'y faire dans la suite, il rappelait volontiers ses premières impressions, l'émotion éprouvée aux pieds du Saint-Père, et les regrets de quitter cette ville, où il revint, plusieurs années après, mais chargé d'affaires, d'ennuis et de tristes pressentiments. Il avait vu Rome dans sa splendeur et le Pape libre : il retrouva Rome envahie et le Pape prisonnier de son honneur.

Revenu en France et rappelé en Bretagne, M. du Marhallac'h vint se fixer au Pérennou entre son père qu'il respectait tant et sa sainte mère qu'il entourait de la plus douce et de la plus filiale affection. Ses parents résolurent de le marier, et le 10 Juin 1839 il épousa M*** Mélanie Harrington : le contrat civil et le mariage religieux eurent lieu à Plonéis. Quarante ans plus tard, en souvenir de cette union, quand M. l'abbé Cozic, aujourd'hui curé de Fouesnant, mais alors recteur de Plonéis, restaura son église, il fit don d'un vitrail qui porte les armes des du Marhallac'h et des Harrington.

M. l'abbé Jégou, ami de famille, avait béni cette union, qui s'annonçait heureuse : tout s'y trouvait réuni, fortune, éclat de noms justement honorés, avantages que le monde estime. Mais ici-bas, qui donc peut se dire heureux ? L'heure des peines, des douleurs et des séparations sonna bientôt ; la croix se préparait ; elle ira s'alourdissant toujours et pénétrant de plus en plus dans ce cœur aimant, d'où elle ne sortira plus. Dès 1840 un premier enfant était venu réjouir ce jeune foyer ; onze mois après il était mort. — Ceux-là seuls qui ont connu ces émotions poignantes près du berceau d'un premier-né se débattant sous les étreintes de l'agonie, peuvent dire ce qui se passe alors dans un cœur de père! Deux ans plus tard nouvelles joies et nouvelles douleurs, un second enfant accordé à ces parents si éprouvés déjà rejoignait au ciel son frère aîné, et ils semblaient tous deux ne s'être tant pressés de mourir que pour préparer la voie du paradis à leur digne mère ; Mme du Marhallach succomba l'année suivante après avoir donné à son mari une petite fille; on l'appela du nom de sa mère, Mélanie.

Il n'est pas possible de dire ce que fut la douleur de l'époux resté seul, chargé d'élever une enfant frêle et délicate : jamais cette plaie faite au plus intime de son cœur ne s'est fermée : avec Mme du Marhallac'h, étaient descendus dans la tombe, son bonheur, ses joies, toute sa vie : prêtre des plus édifiants, vicaire-général chargé des plus délicates affaires, malade aux prises avec la mort qui accomplissait lentement son œuvre, le souvenir de cette séparation lui restait aussi pénible que le premier jour : il semblait s'en nourrir, se surprenait s'y enfermant, et y puisait la force de subir la vie avec ses multiples devoirs. Que de fois, ses hôtes du Pérennou montés prendre leur repos, il descendait dans le caveau de la chapelle du château, et là, plongé dans la prière qui soulage, il passait de longues heures. Souvent le jour le surprenait au milieu de ses morts, mais rien ne trahissait au dehors les tristesses et les amères consolations de ses nuits.

Si quelqu'un trouve anormale, inexplicable même, cette douleur prolongée dans une vie sacerdotale comme peu de vies l'ont été, qu'il se rappelle de quelles tendresses Dieu a fait le cœur de l'homme, qu'il étudie ses fibres délicates qui lui sont une joie ou une torture, et qu'il admire ce cœur d'homme et de prêtre se donnant à Dieu sans mesure, et gardant entier un amour pur, légitime et saint, que Dieu lui-même avait autorisé et béni. En lui, avant comme après son mariage, la première place était pour Dieu, la seconde pour celle qui lui avait été donnée et retirée : tout était donc dans l'ordre. La vertu et la sainteté n'ont point pour effet de rendre le cœur dur, sec et impitoyable, mais bien au contraire d'y garder précieusement tout ce qui est noble et bien, en réglant toutes choses selon Dieu lui-même.

Une dernière épuration, un dernier sacrifice, une dernière immolation, manquaient à cette âme qui grandissait et montait vers Dieu visiblement : la petite Mélanie, sur qui reposaient toute son affection et toutes ses espérances, lui fut ravie à l'âge de 7 ans : la famille se reconstituait au ciel : le père désolé demeura seul sur la terre. Dans cette solitude qu'aucun cri joyeux d'enfant n'animait plus, devant cet avenir qui n'avait pas de but, sous le poids de la croix qui pesait sans l'écraser, M. du Marhallac'h, encore dans toute la force de l'âge, se demanda bien ce que Dieu voulait de lui, à quel parti s'arrêter au milieu des ruines et des débris de son cœur. Il y avait alors à Quimper deux dignes prêtres bien faits pour compatir à ses peines, le conseiller dans ses doutes, et le guider dans les obscurités des premiers moments. M. l'abbé Jégou, prêtre d'un grand savoir, destiné à rendre au diocèse, comme vicaire-général, de longs et précieux services, partageait sa confiance avec M. l'abbé du Feigna, recteur de Saint-Mathieu. Ce dernier, entré tard dans les ordres, homme d'une grande expérience et prêtre d'une haute vertu, pouvait mieux que personne comprendre cette âme et fixer sa vocation.

M. du Marhallac'h prit avec eux une grave détermination : il dit adieu au monde, et entra au séminaire de Quimper. Nous avons nous-mêmes, et à différentes reprises, entendu le séminariste de 1852 parler de son temps de séminaire : l'acclimatation à cette vie régulière, où la volonté est brisée à tous instants par le son d'une cloche qui règle les exercices et ne laisse rien au hasard des circonstances ou à l'entraînement du travail ; cet assujettissement si utile pour la formation, aux usages qui hachent le temps, pour le mieux occuper ; ce retour à la vie d'interne après tant d'années de liberté absolue, tout cela, il nous l'a répété, lui avait coûté beaucoup. Mais avec quel respect il parlait de son supérieur M. Goujeon, dont le souvenir vit encore, et de ses maîtres, dont plusieurs venaient dans sa petite cellule le consulter sur des points d'études qui leur étaient moins familières ! Quelle affection vraie il éprouvait pour ses confrères, plus jeunes que lui, ses inférieurs pour la science acquise, l'expérience et la situation, mais ses égaux et ses amis au séminaire ! Au reste tous étaient bons pour lui, pleins de prévenances, et respectueux de son malheur.

Le jeune homme qui passe du collège au séminaire, objet de ses vœux et but des sacrifices de sa famille, y apporte ses habitudes de travail réglé et de discipline : il n'y a pas pour lui de transition, il y retrouve ses amis d'enfance, il se plie à la règle ; son âme est vierge de tout brisement ; elle connaîtra les douleurs de la croix, elle s'y prépare précisément, mais elle ne les connaît pas encore : elle n'a rien à regretter, personne à pleurer ; elle n'est ouverte que du côté de Dieu. L'abbé du Marhallac'h compara ces âmes de jeunes hommes avec la sienne fatiguée de la vie, et il mesura de nouveau son sacrifice. Sa nature énergique ne recula pas ; les trois années de séminaire passèrent vite ; tonsuré en 1852, minoré, sous-diacre et diacre en 1853, il reçut la prêtrise des mains de Mgr Graveran, le 30 Juillet 1854.

Il quitta le séminaire le lendemain de son ordination, y laissant le souvenir d'un séminariste modèle, pieux, grand travailleur et dévot à la Sainte-Vierge, en l'honneur de qui, avec le concours de ses confrères, il avait élevé dans la partie la plus haute du bois une gracieuse chapelle, faite extérieurement en rondins de bois, et surmontée d'un clocher à jour très élancé. (1) Il dit sa première messe devant son père : sa mère dut y assister du haut du ciel. Ce vénérable vieillard avait longtemps résisté aux désirs de son fils, il ne voulait pas qu'il fût prêtre ; il voyait s'éteindre en lui sa race, son nom disparaître, et la devise de ses armes, *Usque ad aras*, s'accomplir douloureusement (2). Mais il était trop chrétien pour refuser longtemps à Dieu le sacrifice de ses désirs les plus chers, il s'était incliné devant sa volonté, et soumis sans murmurer ; bientôt même il chanta en fort beaux vers son immolation, ses regrets et ses espérances, sous ce titre :

ADIEUX A MON FILS

ENTRANT AU SÉMINAIRE POUR Y RECEVOIR LA PRÊTRISE

« Mon fils, monte à l'autel, où le Sauveur t'appelle,
« Va chercher dans son sein l'oubli de tes douleurs.
« De ceux que tu pleurais la phalange immortelle
« T'entoure de ses vœux et vient sécher tes pleurs.

(1. Cette chapelle en bois a été, il y a quelques années, remplacée par une autre en pierre, par les soins mêmes de Mgr du Marhallac'h.

2 Sur la devise prophétique de ses armes, M. du Marhallac'h avait composé les quatre vers qui suivent, « Sur la devise prophétique des du Marhallac'h :

« Mon fils, monte à l'autel, où mon nom doit mourir,
« On me l'avait prédit, mais la main paternelle
« Du Dieu qui te reçoit à l'ombre de son aile,
« Déjà l'inscrit au ciel, où rien ne doit périr.
« F. DU MARHALLAC'H. »

« Les vois-tu près de toi, couronnant de leurs ailes
« Celui qui doit les suivre au céleste séjour,
« Te bénissant des vœux que tu formes pour elles,
« Ramenant dans ton cœur l'espérance et l'amour.

« Près de toi, cher enfant, ton père octogénaire,
« Au pied de cet autel tristement prosterné,
« Offre au Dieu que tu sers, dans une humble prière,
« Et son fils qui consacre et le pain consacré.

« Vois tes pieuses sœurs, ta famille éplorée,
« Qui trouvent dans la foi remède à leur douleur,
« Bénis-les, ô mon fils, et que ta main sacrée
« Rappelle dans leur sein la paix et le bonheur.

« Il se fait tard pour moi. Va préparer l'hostie,
« Qui de mon dernier jour doit faire un jour d'espoir.
« Je rends grâces à Dieu. Dieu, je vous remercie !
« De la main de mon fils, je puis vous recevoir.

« Exauce, Dieu d'amour, à cette heure suprême,
« Les vœux que mon enfant vient de t'offrir pour moi.
« Près de ceux que j'aimais, en quittant ceux que j'aime,
« Daigne dans ta bonté me réunir à toi.

« F. DU MARHALLAC'H.

« Quimper, 29 avril 1851. »

M. du Marhallac'h avait fait son sacrifice complètement.
Dieu l'en bénit : quand il fut emporté par une mort presque
foudroyante, aucun prêtre n'eut le temps d'accourir, mais
l'abbé, son fils, était là, il lui donna les derniers sacrements,
le prépara à la mort et reçut son dernier soupir !

M. l'abbé du Marhallac'h était rentré au Pérennou, non
point pour y rester inactif, mais pour passer de longues
années, surchargé d'occupations de toutes sortes. On est surpris de le voir se prodiguer en tant de travaux même exté-
rieurs ; le silence dont il s'enveloppait portait à croire qu'il
n'était prêtre que pour lui et les siens. Sans doute il n'a pas
suivi la voie ordinaire, il n'a été pendant seize ans ni vicaire,
ni aumônier, ni recteur, mais quelle prodigieuse activité chez
ce prêtre qui n'a jamais perdu une minute, et qui encore peu
de temps avant sa dernière maladie ne passait pas moins de
dix heures chaque jour à son bureau.

Il débuta dans le ministère par un échec auquel seul il
resta insensible : il avait accepté de prêcher au Sacré-Cœur
devant les jeunes élèves, il monta en chaire, se troubla, et en

descendit sans pouvoir ressaisir le fil de ses idées ; il n'y remonta que bien des années plus tard, dans la chapelle de Lorette et aux Glénans, devant un auditoire de marins. M. l'abbé du Feigna l'attira dans son église et lui demanda de confesser. Sa réputation de bonté et de grande expérience lui procura un nombre considérable de pénitents dans toutes les classes de la société. Jusqu'à la fin de sa vie, il se livra avec un zèle admirable à la conversion des pêcheurs les plus négligents et les plus compromis. Rarement ils résistaient à sa parole, douce, persuasive et pleine d'autorité. Il les visitait souvent, et avec tant de discrétion qu'ils subissaient le charme de son cœur d'apôtre, et finissaient par se rendre. La dernière sortie qu'il a faite en dehors de son parc a été une visite de charité à un mourant : il se traînait alors péniblement, mais au premier mot il se leva, prit son bâton et nous suivit près du malade.

Mgr Sergent le nomma chanoine honoraire en 1858, et examinateur au Petit-Séminaire de Pont-Croix, charge qu'il garda très longtemps : cinq ans après il reçut les lettres de vicaire-général honoraire, distinction dont il était si digne, et qui ne surprit que lui.

A Quimper on le voulait dans toutes les commissions : il rendit les plus grands services à M. Baume dans la réorganisation de l'Asile Saint-Athanase, et fournit même longtemps, gratuitement, des matériaux : il établit l'œuvre de la suppression de la mendicité, fonda celle des domestiques qui reçoivent une prime pour leur fidélité à leurs maîtres, et s'intéressa à l'œuvre de la bibliothèque. Aumônier de la Société de secours mutuels de Saint-Joseph, établie par l'excellent M. de Jacquelot, père, en faveur des ouvriers, il leur faisait une fois par mois des conférences sur des sujets élevés qu'il savait mettre à leur portée. Du reste, il aima toujours beaucoup les ouvriers, et il demanda à être chargé de ceux qui travaillaient au chemin de fer dans les environs de Quimper : il les réunissait le dimanche à la chapelle de la Lorette, et leur adressait une courte instruction.

Ces occupations extérieures n'interrompaient pas ses études : il se rendait familières les langues anglaise et italienne, qu'il lisait couramment, mettait en ordre l'herbier de la ville de Quimper et le complétait, puis donnait à sa famille et à ses amis les restes de son temps.

Le Pérennou était un centre plein de vie : chacun s'y trouvait chez soi, et savait être agréable au maître de la maison en y séjournant. M. de Carné et sa famille, M. de la Grandière et la sienne, aimaient à y résider ; la maison était pleine de souvenirs, les enfants y étaient nés ; le parc, merveilleusement entretenu, offrait les plus magnifiques ombrages, et la rivière qui coule au pied apportait les distractions les plus variées. Mais ce qui faisait le charme de cette vie commune, c'étaient la paix, l'union qui régnaient entre tous, et le niveau intellectuel qui se maintenait par de fortes études et d'utiles lectures. Le dévouement et l'attachement de M. l'abbé du Marhallac'h pour les siens étaient sans bornes. Apprenant que son beau-frère M. l'amiral de la Grandière avait accepté, pour une troisième période de trois ans, le poste de gouverneur de la Cochinchine, il résolut de partir avec lui pour l'éducation et la sécurité de ses enfants ; mais peu de jours avant le départ, l'amiral tomba malade ; les médecins déclarèrent son état grave, et il dut renoncer à cette situation, dans laquelle il aurait pu, comme précédemment, prévenir de grandes difficultés et rendre de précieux services.

Entouré de ses sœurs, de leur mari et de leurs enfants, M. du Marhallac'h se refaisait un intérieur, dans lequel il vivait sinon heureux du moins consolé et distrait par ces nombreux petits enfants qui l'entouraient, l'assaillaient, l'obligeaient à prendre part à leurs jeux, et au besoin — ce n'était pas rare — trouvaient en lui un avocat convaincu et dévoué pour écarter l'orage et parer à une répression.

De temps en temps, le plus souvent pendant les vacances, des amis se donnaient rendez-vous au château, ou s'y rendaient isolément : M. l'abbé de Cazalès, M. l'abbé Testard du Cosquer (1), le R. P. Félix, conférencier de Notre-Dame, M. l'abbé Pereyve, M. le chanoine de Léséleuc (2) et M. l'abbé Chesnel (3) y ont fait d'assez longs séjours : leurs conversations, intéressantes et élevées toujours, étaient parfois vives et piquantes. Ces réunions terminées, les amis et les parents dispersés, M. du Marhallac'h s'enfermait dans sa solitude

---

(1) M. l'abbé Testard du Cosquer mourut à Rome archevêque de Port-au-Prince.

(1) M. l'abbé de Leseleuc, promu quelques années plus tard à l'évêché d'Autun, et mort après dix mois d'épiscopat.

(3) Théologien du Pape au Concile du Vatican.

laborieuse, repoussant avec vivacité toutes les démarches qu'on pouvait faire près de lui, et déclarant vouloir s'enterrer au Pérennou. Il n'autorisa jamais aucune proposition de le faire arriver à l'épiscopat ; rien n'était alors plus facile, ses relations de famille, la situation de M. de Carné, les services rendus par l'amiral de la Grandière, son mérite personnel, tout concourait à le faire parvenir à cette dignité redoutable qu'aucun prêtre ne doit désirer. Pour détourner le coup qui aurait pu l'atteindre, il répétait souvent : « Comment voulez-vous me faire nommer évêque, moi qui ne sais point parler : quelle torture ce serait d'entendre des discours sans pouvoir y répondre. » M. l'abbé du Marhallac'h exagérait sans doute à dessein sa difficulté de parole en public, car dans des réunions de comité combien de fois ne l'avons-nous pas entendu exposer dans une langue claire, précise et pure, des affaires difficiles et embrouillées : la voix, ordinairement faible, était alors bien timbrée, la parole sobre et le geste ferme et juste. On respecta autour de lui ses répugnances, et aucune de ces propositions, qui sont des ordres de la Providence, ne vint troubler son âme.

Au reste, ce château si gai devait être bientôt attristé : M. Louis de Carné, fils aîné de l'éminent académicien, était revenu de sa campagne du Cambodge miné par la maladie qui devait bientôt l'emporter. Il succombait aux glorieuses fatigues d'un voyage d'exploration, et occupait ses dernières heures de santé à terminer un ouvrage du plus haut intérêt, écrit avec la verve et l'enthousiasme de la jeunesse, alors qu'on sait la valeur des services rendus et que l'on voit s'ouvrir devant soi un superbe avenir. Ce pauvre jeune homme ne vit même pas le succès considérable de son livre, il mourut pendant le rigoureux hiver de 1870 ; et son père eut la douleur de lui fermer les yeux, et de mettre la dernière main à son travail, pendant que ses deux autres enfants, MM. Edmond et Olivier de Carné, étaient à Paris, au poste de l'honneur et du devoir, avec son gendre M. de Rodellec (1).

Au premier bruit de la guerre qui devait finir si tristement pour la France, M. l'abbé du Marhallac'h s'offrit comme

____

(1) *Voyage dans l'Indo-Chine et dans l'Empire Chinois.* L'édition est épuisée.

aumônier militaire : déjà en 1859, lors de la guerre d'Italie, il avait voulu suivre l'armée, mais sa demande avait été impitoyablement écartée. Cette fois il procéda autrement, il partit et fit sa demande ensuite. Il avait alors 62 ans ; ses neveux partaient, pourquoi ne partirait-il pas aussi ? Il les suivrait ; il bénirait, réconcilierait les blessés et se dévouerait pour Dieu, les âmes et la France ; et puis, peut-être, quelque balle ennemie l'atteindrait par devant, en plein cœur ; sa mort serait une satisfaction offerte pour son pays, et il verrait Dieu, et il retrouverait au ciel sa famille, où lui seul manquait depuis longtemps. Quel beau rêve ! La première partie devait seule se réaliser. Nul ne sait ce qui se passa en lui quand l'embarquement des Mobiles se fit à la gare et que le train se mit en marche : nous le vîmes à ce moment-là, il était calme comme toujours, mais ses traits avaient quelque chose de plus énergique et de plus décidé ; son teint, pâle ordinairement, s'était légèrement coloré, et ses yeux si bleus semblaient plus grands et plus vifs.

L'abbé du Marhallac'h arrivait à Paris dans des conditions spéciales et particulièrement difficiles pour lui. Il n'avait aucune nomination régulière, il allait être aumônier libre, et par conséquent sans mandat, sans rien qui l'accréditât et lui assurât une position fixe. Des démarches furent faites dans ce sens, elles n'aboutirent point ; mais les évènements avaient marché, son ministère était indispensable. les officiers des Mobiles du Finistère le gardèrent près d'eux et le firent asseoir à leur table et partager leur ration jusqu'à la fin du siège, ce qui n'était pas inutile par ce temps de privation de toutes sortes et de désarroi complet.

Nous avons eu la bonne fortune de faire revenir M. du Marhallac'h sur ces souvenirs si tristes de la guerre, un jour que la maladie lui laissait, entre deux crises aigues, quelques moments de répit. Voici des détails précis que nous pouvons donner ; les autres. plus intimes, sont du trésor de la famille.

Levé de bonne heure, quand son service ne l'appelait pas la nuit dans les tranchées, où il suivait toujours ses hommes, il disait la messe dans l'église de Saint-Éloi ou dans celle de Ville-Juif. la plus rapprochée du casernement du bataillon. L'église avait beaucoup souffert dès les premiers jours de l'investissement de Paris, le toit était à jour, les obus avaient

ébranlé les murs ; dans l'intérieur régnait le plus grand dés-
ordre ; le clergé avait suivi les fidèles dans l'intérieur de la
ville. La messe dite, toute la journée était prise par la visite des
ambulances dans lesquelles il allait à la recherche des Bretons.

Des Bretons ! il y en avait partout : pas un n'avait manqué
à l'appel à l'heure du départ, et toujours à leur poste, ils faisaient simplement et sans bruit leur devoir, sans se douter
qu'ils étaient souvent des héros, et ils tombaient blessés,
parfois grièvement, sans dire un mot, sans pousser une
plainte, sans regret de la vie.

Honneur à nos Mobiles !

Mais, transportés dans les hôpitaux, en lui, ils retrouvaient
la langue de leur vieille mère, les douces joies du foyer, leurs
espérances d'avenir et leurs prêtres dévoués. Ces visites
étaient émouvantes ; l'aumônier se multipliait, il fallait voir
tous les malades, recevoir leurs confidences et promettre de pro-
fiter du premier ballon ou du premier lâcher de pigeons pour
envoyer au loin, par de là les lignes prussiennes, des lettres
qui porteraient aux châteaux et jusque sous le chaume, aux
riches et aux pauvres, des nouvelles de l'absent avec l'espoir du
retour. Un jour, dans une ambulance dirigée par le Très-Ho-
noré Frère Joseph, aujourd'hui supérieur général des Frères
de la Salle, mais alors directeur d'un grand établissement
dans le quartier Saint-Antoine, l'aumônier fut conduit près d'un
mourant qu'aucune blessure grave n'avait atteint, mais qui
s'en allait de consomption. Le malheureux ne savait pas un
mot de français, refusait obstinément les remèdes qu'on lui
présentait, et voulait se laisser mourir. M. du Marhallac'h
s'approche de son lit, lui parle en breton ; le malade revient à
lui, se dresse sur son séant et lui dit avec un accent inexpri-
mable : « Vous n'êtes donc pas un sauvage, vous. » La conversation continua : le malade prit courage, ouvrit son cœur, se
laissa soigner et guérit. Il doit vivre dans quelque lande des
montagnes d'Arrez.

La visite des ambulances terminée, restait à rechercher
les corps des soldats tombés morts çà et là dans la plaine et les
ravins : l'aumônier, muni d'un sauf-conduit, allait partout,
suivait les sentiers, fouillait les bois et n'épargnait pas sa
peine. Un officier prussien placé aux avants-postes l'avait
remarqué : il appréciait sa noble mission, et se mettait à sa

disposition pour l'y aider : plusieurs fois, le voyant exténué par tants de courses répétées, il descendait de cheval, voulant en vain le faire monter à sa place, et l'accompagnait longtemps à pied.

Il n'est pas possible de dire l'admiration que cet aumônier provoquait autour de lui par des traits de hardiesse inouïe, un zèle qui ne se démentait jamais, et une modestie qui dérobait aux yeux des chefs et des soldats tout ce qu'elle pouvait. Une circonstance vint le signaler, malgré lui, à l'attention du général en chef, et lui mérita la croix.

Le 29 Novembre 1870, pour détourner l'attention de l'ennemi sur la grande sortie qui devait avoir lieu par la Marne, deux fausses attaques furent ordonnées. L'une d'elles, celle du Sud, avait pour objectif le village de l'Hay, fortement occupé par un détachement de Prussiens du 6e corps.

Dès l'aube, le 110e régiment d'infanterie attaqua brusquement les premiers retranchements des Prussiens et les força à se replier dans le centre du village. Après deux heures d'une vive fusillade, un bataillon de mobiles du Finistère reçut ordre de se porter en avant pour appuyer le 110e. Quand les Mobiles arrivèrent sur le terrain occupé par le 110e, ils eurent un moment d'hésitation en entendant siffler une grêle de balles et en voyant le champ de bataille jonché de morts et de mourants.

On leur ordonna de se déployer en avant en tirailleurs ; le brave aumônier qui était aux premiers rangs transmit cet ordre en breton (car bon nombre de mobiles n'entendaient pas le français), et se portant en avant leur indiquait l'emplacement qu'ils devaient occuper et les encourageait ainsi par son exemple. L'ennemi ayant aperçu ce mouvement, dirigea tous ses feux sur ce point. Beaucoup de Mobiles tombèrent ; s'élançant auprès d'eux, l'aumônier leur disait les dernières prières.

Le lieutenant-colonel commandant le 110e, voyant le péril de l'aumônier, lui fit observer que sa place n'était pas là : l'abbé lui répondit que « sa place était à côté des mourants. »

Le feu devenant plus intense, cet officier supérieur le saisit par le bras et le rejeta en arrière. Au moment même le lieutenant-colonel tombait grièvement blessé à la place que venait de quitter l'aumônier. Quelques instants après, le signal de la retraite fut donné et, ainsi qu'il avait été convenu, les troupes évacuèrent le village, en subissant de grandes pertes.

L'abbé du Marhallac'h avait reçu dans le chapeau une balle qui le frappa sur le haut du front, lui contourna le crâne et sortit par derrière sans le blesser : sa soutane était criblée de trous, il n'avait pas la moindre égratignure : la mort ne voulait pas de lui, la Providence le réservait pour de nouvelles souffrances et de nouveaux travaux.

Quelques jours après, M. le colonel de la Villebrest eut la joie de lui remettre la croix de la légion d'honneur devant le régiment massé sur la place de l'Hôtel-de-Ville. Dans une lettre à sa famille, il annonçait ainsi sa décoration : « Un cas de croix vient d'éclater dans mon ambulance, c'est moi qui en suis atteint. » Il ne la portait pas habituellement, mais il y avait été très sensible, il le disait simplement. Dans son abnégation, il répétait quelquefois : « J'en aurais fait facilement le sacrifice pour faire plaisir à d'autres. » Le chapeau qu'il portait à l'Hay, a été retrouvé chez le chapelier qui lui en avait vendu un neuf, il est conservé au château de Kerouzien : quant à la soutane, sa modestie l'a fait disparaître.

C'est après cette bataille qu'il écrivit la lettre suivante à M. de Kerdanet, pour lui annoncer la mort de son fils. M. de Kerdanet était lieutenant au 2e bataillon des Mobiles du Finistère ; engagé volontaire pour la durée de la guerre, il était descendu de son siège de juge au tribunal de Saint-Brieuc, pour prendre l'épée.

« Villejuif, 7 Décembre 1870.

« Monsieur,

« Vous avez déjà reçu la désolante nouvelle qui impose « un nouveau sacrifice à vos affections de famille. Permettez-« moi d'y ajouter les consolations qu'une âme, comme la « vôtre, saura trouver dans l'accomplissement des grands « devoirs de soldat et de chrétien fidèlement remplis par « celui que vous pleurez.

« Le 29 Novembre, Monsieur votre fils, chargé, en l'ab-« sence de son capitaine, de commander sa compagnie, était, « à la pointe du jour, tout près du village de L'Hay, occupé « par les Prussiens. Il est resté pendant plusieurs heures à « l'endroit le plus périlleux de l'attaque et sous une grêle « de balles, il n'a cessé de soutenir ses soldats par son exem-« ple et sa parole. La retraite avait sonné, et il allait échap-« per au danger, lorsqu'il a reçu le coup fatal. A peine le « feu avait-il cessé, lorsque nous l'avons relevé sur le champ « de bataille. Deux agents de la Société Internationale, un « officier de mon bataillon et moi, nous l'avons porté alter-« nativement jusqu'à la voiture qui nous attendait.

« Dans le trajet, j'ai reçu l'aveu de ses fautes, je lui ai
« donné l'Extrême-Onction et l'indulgence de la bonne mort.
« Il me serrait affectueusement la main, me parlait de ses
« souffrances, de son pays, de sa famille qu'il ne devait plus
« revoir. La voiture l'a conduit à une ambulance, près la
« redoute des Hautes-Bruyères, et il y a rendu le dernier
« soupir. Ses restes, réclamés par son commandant, ont été
« réunis à ceux de MM. de Goësbriand et du Plessix, tombés
« presqu'au même moment et à la même place. Chacun d'eux
« a été enseveli dans une châsse de plomb ; ils seront trans-
« portés demain dans le même caveau. Des alertes conti-
« nuelles ont fait ajourner jusqu'à ce jour, 7 Décembre, la
« cérémonie religieuse. Tous les compagnons d'armes de
« Monsieur votre fils voulaient y assister. Ses soldats le pleu-
« raient comme le plus aimé de leurs chefs. Auprès de son
« cercueil, comment ne pas être touché de ce précepte de
« saint Paul, qui nous défend de nous désoler comme ceux
« qui n'ont pas d'espérance ! Il y a des morts pleines d'im-
« mortalité ; il y a des adieux qui ne sont que des rendez-
« vous ; la vertu du sacrifice qui ramène les âmes à Dieu
« n'est pas sans fruits temporels pour les familles qui ont
« enseigné de pareils dévouements et inspiré de tels cou-
« rages.

« Veuillez agréer, Monsieur, l'expression respectueuse
« des regrets les plus vifs et de la sympathie la plus pro-
« fonde.

« Du Marhallac'h,

« Aumônier du 2ᵉ bataillon des Mobiles
« du Finistère. »

On ne peut lire cette lettre sans émotion, toute l'âme de
l'aumônier breton y a passé : elle honore celui qui l'a écrite
comme celui qui était digne de la recevoir.

Un ancien Mobile de 1870, et qui, pendant cette terrible
campagne, a été chaque jour témoin du courage de l'abbé
du Marhallac'h, nous fait part de ce trait, dont sans aucun
doute le brave et modeste aumônier n'a jamais parlé.

Dans une des nombreuses rencontres où participa le régiment des Mobiles du Finistère, on donna l'ordre aux hommes
de se coucher à plat ventre pour éviter l'ouragan de balles
qui passait sur leurs têtes. L'abbé du Marhallac'h restait
debout, et à un officier qui lui disait de se coucher, il répondit : « Pardon, commandant, je dois rester debout pour les
bénir. »

Lui qui n'avait pas été blessé sur les champs de bataille,
faillit être tué dans une rue de Paris.

Dans ses courses rapides à travers la ville, il disait n'avoir trouvé que des *braves gens*, et ce n'est pas lui qui nous aurait raconté l'accident auquel il échappa par la présence d'esprit d'un officier de son bataillon : de tels faits en face d'un ennemi vainqueur et brutal blessaient trop son honneur de Français. Un jour, — c'était peu de temps après l'armistice — il accompagnait ses Mobiles dans Paris, quand un faubourien, à la tête d'une troupe d'émeutiers qui s'essayaient et se comptaient déjà, se précipite sur lui, l'insulte et profère des cris de mort ; il prend son fusil, l'épaule et met l'aumônier en joue. Un sergent de Mobiles voit le danger et se prépare à faire feu sur le misérable ; on intervient heureusement, les deux fusils se relèvent, de grands malheurs sont évités ; l'aumônier aurait été tué par une balle française, et le sang français aurait coulé.

Le bruit de cette vaillante conduite et le récit de tant de services rendus parvint dans le Finistère ; il y excita une admiration universelle, il devint populaire ; et quand le Département, appelé à nommer ses députés, vota, le 8 février 1871, le nom de M. du Marhallac'h sortit des urnes avec un nombre considérable de voix, 54,598. Pour lui, il était resté à Paris, ne s'occupant pas de son élection : le succès l'attrista. Il siégea à Bordeaux, puis à Versailles. Nous n'avons pas à juger cette Assemblée législative : Dieu permit qu'elle méconnût ses devoirs, ne profitât point de l'occasion qui était bonne pour faire une restauration chrétienne, et se laissa confisquer par des ambitieux. Le député du Finistère en eut le pressentiment, et il décida de se retirer. A la Chambre, cependant, on avait remarqué son maintien simple et digne, et s'il n'osait affronter la tribune, il parlait dans les Commissions et ses avis étaient très appréciés ; pourquoi faut-il qu'ils n'aient point prévalu ?

En dehors de ses devoirs de député, il se sentait prêtre et voulait rester aumônier militaire : à Versailles, grâce au concours du général de Maud'huy, il établit la messe militaire le dimanche et consacra aux soldats ses loisirs.

Des malades bretons étaient restés dans les hôpitaux de Paris pendant la Commune : il l'apprend, et deux fois pénètre dans la ville assiégée ; la première fois en prêtre ; la seconde, en laïque. S'il avait été découvert, lui, prêtre et dé-

puté, il était perdu ; mais aucune considération personnelle
n'avait réussi à modérer son zèle.

Sa démission est du 8 Juin 1871 ; il l'adresse à ses électeurs dans ces termes :

« Versailles, 7 Juin 1871.

« MES CHERS CONCITOYENS,

« Lorsque vous m'avez appelé à vous représenter au sein
« de l'Assemblée nationale, j'ai ressenti un légitime orgueil
« de ce témoignage de votre confiance.

« Cependant si j'avais été parmi vous, j'aurais hésité de-
« vant les devoirs que cet honneur impose.

« Mes scrupules se sont accrus au milieu des luttes poli-
« tiques dont j'ai peu l'expérience.

« J'aurais la prétention de bien remplir votre mandat, s'il
« n'exigeait que du dévouement et de la reconnaissance ;
« mais il suppose d'autres conditions.

« Au moment où vous allez choisir de nouveaux manda-
« taires, je croirais servir mal vos intérêts si je ne vous
« priais de les remettre en des mains plus habiles.

« Veuillez bien agréer l'expression respectueuse de mes
« remerciements les plus sincères et de mes sentiments les
« plus affectueux.

« DU MARHALLAC'H. »

M. l'abbé du Marhallac'h rentra dans le diocèse et se remit
au travail : il avait, grâce à ses relations à Paris, obtenu la
création d'une paroisse aux Glénans, et comme la position
était misérable, le danger parfois très grand et le ministère
infime, il se l'était adjugée avec l'autorisation de Mgr Sergent,
de très grande et très belle mémoire.

Les Glénans sont un groupe d'îles perdues en pleine mer,
à quatre lieues de Concarneau, rattachées à Fouesnant pour
le spirituel et l'état-civil ; l'abord en est périlleux ; ces îles
toutes petites, assez rapprochées l'une de l'autre, sont entou-
rées d'une ceinture de rochers que seuls les marins du pays
osent franchir. La population ne dépasse pas cent habitants,
mais en 1871, un industriel étranger avait voulu y établir un
vivier ; les travaux nécessitaient un nombre considérable
d'ouvriers, ces malheureux étaient privés de tout secours religieux : M. du Marhallac'h s'en émut. Il avait toujours beaucoup
aimé ces îles, qui avaient été souvent autrefois le but de ses
promenades favorites, et quand il revenait le soir, tard et par
un temps mauvais, sa sœur aînée l'attendait et l'entourait

de gâteries, pour le remettre de ses fatigues. Familiarisé avec la mer, propriétaire d'un bâteau ponté, le *Surcouf*, et doué d'un courage qui alla parfois jusqu'à la témérité, le nouveau Recteur vint bâtir dans l'île du Loc'h une chapelle en bois, dont il fut l'architecte et qu'il disposa très ingénieusement pour servir d'habitation en dehors des offices : il la dédia à Notre-Dame des Iles. Il y disait la messe tous les jours, et le dimanche, si le temps avait permis aux habitants des autres îles de venir, il disait la messe basse ou chantait la grand'messe et les vêpres, selon les fêtes, prêchant en français ou en breton d'après la composition de son auditoire; un des marins de son embarcation lui servait de chantre. Les jours de tempête, alors que l'île du Loc'h était inabordable, ce qui arrivait souvent en hiver, un pavillon hissé au haut d'un grand mât indiquait par des signaux convenus le point où l'on était rendu de la messe, et tous dans les différentes îles y assistaient ainsi, s'unissant dans la prière et la même foi.

La Fête-Dieu se célébrait avec une solennité toute particulière : les habitants montaient dans leurs embarcations et suivaient celle du Recteur, qui portait le bon Dieu ; la flotille se rendait à l'île Penfret ; on descendait dans les casemates du fort, un reposoir y était dressé, les chants reprenaient et, la bénédiction donnée, on se reposait un peu, avant de revenir dans le même ordre de procession à l'île du Loc'h reporter Notre-Seigneur. Ces fêtes étaient vraiment pieuses, pleines de consolations et de joies pour tout le monde. Mais aussi quel cadre pour une telle cérémonie ! d'un côté la mer sans limite, de l'autre au loin une ligne blanche indiquant la terre, et sur la tête le ciel plein de lumière et animant ce tableau.

Dans la semaine, le bon Recteur visitait ses paroissiens, s'asseyait à leur foyer, et pourvoyait souvent à leurs besoins ; puis, son temps était partagé entre ses exercices de piété, auxquels il assigna toujours la première place dans sa vie, les leçons d'écriture et de lecture qu'il donnait aux enfants, et le travail de cabinet, s'instruisant et lisant beaucoup, mais toujours la plume à la main pour ne rien perdre et tout consigner dans sa mémoire. Parfois sa solitude était troublée par des sinistres auxquels il assistait sans pouvoir porter secours: Un soir la tempête était déchaînée, la mer, horrible à voir, entraînait sur les rochers de l'île un navire étranger, sa perte était certaine ; il toucha et disparut dans l'abîme corps et biens. Quelque temps après, le Recteur crut apercevoir au bout de sa longue-vue un mouchoir qui s'agitait : un malheureux aborde dans l'île, il parle une langue que personne ne comprend, mais grâce à sa connaissance de l'italien, le Recteur apprend que le navire et tout l'équipage étaient grecs, et il recueille chez lui le pauvre naufragé. Bientôt la mer apporte six cadavres ; le bois ne manque pas, mais il n'y a pas d'ouvrier, que faire ? L'abbé du Marhallac'h prend les outils dont il se sert pour son agrément, et passe la nuit à confectionner les cercueils. Le lendemain, les fosses sont creusées, lui-même s'y emploie, et les morts reçoivent les derniers honneurs.

Dans une autre circonstance son propre bateau fut emporté au large avec ses deux hommes d'équipage : le mât cassa, et le *Surcouf* fut en perdition : du rivage le Recteur voyait le danger, et priait : à bord les deux marins, tombés à genoux, firent un vœu à sainte Anne. La nuit fut épouvantable, le bateau n'obéissait plus à la barre : enfin, au petit jour, le patron le Berre reconnut les côtes de Lorient, ils étaient sauvés. Quelques jours après M. du Marhallac'h se rendait avec ses deux matelots à Sainte-Anne d'Auray pour accomplir le vœu. La destinée de ce bateau était de se perdre, une nuit il chassa sur ses ancres, et disparut pour toujours.

Dans la semaine qui suivit, le Recteur des Glénans fut appelé à l'Évêché : depuis 18 mois qu'il s'était retiré du monde et vivait au milieu de ses chers paroissiens partageant leurs dangers et souvent leurs privations, de grands événements s'étaient succédés dans le diocèse. Mgr Sergent avait été emporté subitement en gare de Moulins, le siège avait vaqué environ 5 mois et Mgr Nouvel, un enfant de Quimper, était sorti du monastère de la Pierre-qui-Vire pour monter sur le siège de Saint-Corentin et continuer les grandes œuvres de son éminent prédécesseur. Au bout de quelques mois d'épiscopat la mort lui avait enlevé un de ses vicaires-généraux, un de ses amis d'enfance, M. l'abbé Évrard. C'est pour lui succéder que Mgr Nouvel mandait près de lui le Recteur des Glénans : il vint, écouta la proposition qui lui était faite, et refusa. Mais l'Évêque qui le connaissait depuis longtemps, l'aimait et appréciait son rare mérite, en appela à sa conscience et à son cœur : M. du Marhallac'h fit taire ses répugnances, et se soumit.

Le nouveau vicaire-général avait soixante-cinq ans : à cet âge les habitudes sont prises, et rien ne semble difficile comme de se plier aux exigences d'une nouvelle situation, difficile, souvent pénible, et qui exige toujours une abnégation complète de ses préférences, de ses vues, de sa personnalité. Aux difficultés ordinaires s'ajoutaient celles qui pouvaient surgir du passé même de M. du Marhallac'h, de sa vie toute libre jusque là et de sa grande situation dans le pays. Mais le vicaire-général comprit le sacrifice qu'on lui demandait de ses goûts, de ses travaux personnels et de sa chère solitude, pour commencer une existence affairée, une vie de représentations et de lourdes responsabilités. Pendant 15 ans il s'acquitta de tous les devoirs de sa charge avec une ponctualité, un soin et une intelligence des affaires vraiment remarquables. Sa petite maison de la rue Verdelet était ouverte à tout le monde, on frappait à sa porte avec confiance, on pénétrait dans son modeste bureau qui lui servait de chambre à coucher : il était assis devant une toute petite table en sapin, toujours occupé, et il accueillait les visiteurs avec une grande réserve. On exposait son embarras : en quelques mots les solutions étaient données ou ajournées, et chacun se retirait conduit jusqu'à la rue avec la plus exquise urbanité : et cela se répétait dix fois dans la matinée, sans qu'il s'en plaignit jamais, jusqu'au moment où selon l'usage il se rendait à son bureau de l'évêché expédier les affaires courantes. Il n'interrompait cette vie si occupée que pour remplir près de sa famille un devoir de bon parent, ou pour passer quelques heures chaque semaine à sa campagne, dont il surveillait de loin l'exploitation et les améliorations. C'était peu sans doute, mais il avait à un degré rare le sentiment du devoir, et il se trouvait être le vicaire-général d'un évêque qui était le devoir même.

Mgr Nouvel avait, avant sa promotion à l'épiscopat, passé par toutes les positions qui préparent le prêtre à cette charge écrasante ; il apportait à toutes choses une grande activité, saisissait vite le point vulnérable d'une situation ou d'une affaire, et tranchait avec netteté le cas qui lui était proposé. Doué d'une très robuste santé qu'il avait le tort de ne pas ménager assez, il se levait de grand matin, recevait même avant 7 heures, et pour 9 heures il avait expédié vingt bouts de lettres, bien claires, et répondu par le retour du courrier à tous ceux qui s'adressaient à lui.

L'Évêque et le Vicaire-général se comprirent, s'aimèrent, n'eurent rien de caché l'un pour l'autre, et se firent les plus intimes confidences. Tous deux se ressemblaient par un grand cœur, une intelligence riche et déliée, et une application intense au travail : tous deux surtout se rapprochaient par les plus belles vertus qui font l'évêque et le prêtre saints, dévoués et confiants en Dieu seul : tous deux enfin pouvaient peut-être avoir à se reprocher mutuellement cette atteinte de la poussière du monde, ces petites faiblesses, ces vivacités d'un moment auxquelles les meilleurs n'échappent point, et qui mettent précisément en relief la vertu : on suit alors les progrès que le temps et la grâce leur font faire, et nous tous qui sommes si loin derrière eux, nous prenons courage, nous ne désespérons plus de nous corriger, de nous amender.

Nous avons dit que les rapports entre eux étaient parfaits, pleins de cordialité et de bonne gaîté, et souvent dans les presbytères, où leur arrivée était une vraie joie, parce qu'on était toujours sûr de leur être agréable, ils faisaient parfois assaut de malices et de bons mots : les prêtres jugeaient des coups, le vicaire-général n'était pas toujours battu. A Loc-Éguiner-Saint-Thégonnec, pour la bénédiction du Saint-Sacrement, Mgr Nouvel avait chanté l'oraison, de sa voix la plus forte et la plus aigre. « Ne trouvez-vous pas, Messieurs, dit-il après la cérémonie, au presbytère, que je fais des progrès pour le chant ? » Quelqu'un répondit : « Il est sûr, Monseigneur, que votre voix n'est pas... ordinaire ! — Vous êtes malin, dit en souriant le bon évêque, je sais bien que je ne suis pas un rossignol, mais enfin je me console en pensant que mon grand-vicaire n'est guère plus fort que moi. — C'est vrai, Monseigneur, répliqua modestement M. du Marhallac'h... j'ai cependant un avantage sur vous. — Lequel donc ? — Eh bien ! c'est qu'on ne m'entend pas, Monseigneur ! »

Pour nous, nous n'oublierons jamais cette parole admirable qui nous fut dite par Mgr Nouvel, deux jours seulement avant sa mort : elle peint bien une extrême modestie qui ne veut pas convenir du bien qu'elle a fait : « Voyez-vous, je n'ai pas été un évêque distingué, j'ai été un évêque de bonne volonté. » — Nous n'eûmes pas la force de répondre, nous sortîmes en pleurant.

O mon Evêque, ô mon Père, sans doute, votre nom n'a pas

résonné dans la France entière comme l'un de ceux qui s'imposent et marquent une époque, mais était-il bien nécessaire qu'il en fût ainsi ? Votre nom vénéré s'est buriné dans nos cœurs, n'est-ce point assez ? Vous étiez notre modèle, notre appui, notre joie : vous aviez la charge du diocèse et non du pays entier, et au ciel vous êtes récompensé pour le bien que vous deviez nous faire, et que vous nous avez si largement fait : votre épiscopat grandit comme toutes les œuvres que le temps respecte, consacre et met en pleine lumière.

Le bien était rendu de plus en plus difficile ; les temps que l'on traversait devinrent pénibles, il fallait tenir tête à l'orage : l'œuvre de la laïcisation des écoles commençait, et dès le premier jour on put voir jusqu'où l'on irait. Mgr Nouvel comprit le danger. M. du Marhallac'h réunit un Comité des Écoles, provoqua des souscriptions et excita des bonnes volontés en montrant l'horrible danger que créait pour la foi des enfants la législation nouvelle. Il fit plus, il se rendit à Rome et obtint du Souverain-Pontife l'établissement dans le diocèse de l'œuvre de la Doctrine chrétienne. Bien établie partout, elle peut donner les meilleurs et les plus solides résultats : là est le salut pour le diocèse. Nos enfants seront chrétiens, le pays sera moralisé, et l'avenir assuré dans la proportion des sacrifices que nous aurons consentis pour eux. Grâce à l'initiative de M. du Marhallac'h, à sa persistance et à l'autorité qui s'attachait à sa personne, plus de quatre-vingts écoles libres ont été fondées, et souvent dans des conditions particulièrement difficiles. Il en bénit un certain nombre lui-même, quelle que fût la distance, comme l'école des garçons de Plouguerneau. Alors sa joie se reflétait sur toute sa personne, c'étaient ses meilleurs jours : il avait aidé à sauver les âmes : sauver les âmes, n'est-ce point le plus noble but du sacerdoce ?

Ne pouvant point parler en public, il résolut d'écrire, et c'est dans ce but qu'il publia, en 1877, une traduction d'un ouvrage américain : *L'Invitation acceptée : motifs d'un retour à l'Unité catholique* (1). L'auteur, James Kent Stone, ancien président de Kenyon-College (Ohio) avait été amené à se convertir par la lecture de l'*Invitation* adressée par Pie IX aux Protestants au moment de l'ouverture du Concile. Il expose les objections

____

1 Paris, librairie des Saints-Lieux, rue des Saints-Pères, 16.

qui agitent nos frères séparés, et donne les meilleures solutions à leur servir. Cet ouvrage est plein d'intérêt, et la traduction en est belle et bien française. Mgr Nouvel l'avait
approuvée, et Mgr Mermillod lui a fait une longue et tou-
chante introduction.

Il fonda le *Bulletin de l'Enseignement*, transformé plus
tard par ses soins en *Semaine Religieuse* ; il en corrigeait
souvent les articles, il voulait que la vérité fut dite entière, le
mal démasqué et la vérité soutenue. Inflexible sur les prin-
cipes, il apportait dans ses relations avec les hommes une
grande délicatesse, un tact parfait et une mesure qui lui con-
ciliaient tous les esprits, grâce à une admirable possession de
lui-même.

Ce fut à la même époque que M. le chanoine de Penfen-
tenyo voulut remettre en vénération l'insigne relique du Bras
de saint Corentin, déposé sans honneur dans quelque coin de
la sacristie depuis de longues années. Il était bon qu'un travail bien fait sur l'authenticité de la relique vint dissiper des
doutes et des appréhensions très légitimes d'ailleurs. M. l'abbé
du Marhallac'h fit des recherches, compulsa des documents,
acquit la certitude que la cathédrale était bien en possession
du Bras de Saint-Corentin, et fit un rapport lumineux sur la
question. Mgr Nouvel par un acte épiscopal reconnut la relique, et on prépara de grandes fêtes Elles eurent lieu le
12 Décembre 1886 ; tout le diocèse y prit part ; Messieurs les
Curés étaient accourus et avec eux une foule immense de
fidèles : jamais peut-être on n'avait vu à Quimper une procession aussi belle, se déroulant avec une piété et une dévo-
tion incomparables le long du boulevard de l'Odet et dans la
rue Neuve, en souvenir du pieux chrétien, nommé Sergent,
qui sauva la relique pendant la Révolution et qui habitait
cette rue.

Le Bras de saint Corentin est placé dans un reliquaire très
beau : dans une châsse en bronze doré est un tube horizontal
en cristal qui contient la relique, portée elle-même par quatre
personnages en argent, l'un d'eux est M. du Marhallac'h, et
le tout repose sur un plateau de bronze, doré comme le reste.

Le lendemain de la fête, toutes les paroisses du canton
firent en procession le pèlerinage de Saint-Corentin pour
vénérer la relique.

Cette fête, qui réussit au-delà de toutes espérances, fut la dernière que présida Mgr Nouvel. Depuis quelque temps sa santé était moins robuste ; il avait dû, sur le conseil formel du médecin, adoucir l'austérité de son régime et prendre quelques aliments gras. C'était trop tard ; le mal faisait des progrès, et lui toujours fier devant la mort qui le gagnait, ne diminuait ni ses heures de travail, ni ses courses rapides sur tous les points du diocèse. Il fit péniblement la dernière visite pastorale en 1887 ; la seconde partie surtout le fatigua beaucoup : le corps défaillait, l'âme restait maîtresse. Accompagné de M. le chanoine Serré, vicaire-général, qu'il affectionnait tant et qui le lui rendait si bien, il rentra à Quimper et mit ordre à ses affaires ; quand tout fut réglé, les derniers sacrements reçus avec la solennité qui convenait, il s'alita pour ne plus se relever, et mourut très peu de jours après, le 1er Juin, de la mort la plus enviable, comme meurent les saints, non sans combats, mais plein de sérénité et de confiance en Dieu et sa sainte Mère.

Le siège était vacant ; le vénérable Chapitre de la Cathédrale se réunit et s'honora en nommant vicaires capitulaires les deux vicaires-généraux du prélat décédé, M. du Marhallac'h et M. Serré. La vacance dura du 1er Juin au 25 Novembre, jour de la préconisation de Mgr Lamarche ; pendant ces six mois, M. du Marhallac'h rendit au diocèse les plus éminents services, traita les affaires ordinaires avec son collègue et différa les plus graves jusqu'à l'arrivée du nouvel Évêque.

Mais ce nouvel Évêque, quel serait-il ? Providentiellement averti d'un choix que l'on avait fait de quelqu'un, M. du Marhallac'h n'hésita pas à se rendre deux fois à Paris ; il exposa si bien la situation qu'il réussit à déblayer le terrain d'un sujet impropre, et à permettre à Mgr le Nonce de faire d'autres propositions. M. l'abbé Lamarche, curé des Batignolles, nous était manifestement réservé dans les desseins de Dieu ; le Ministre des Cultes, M. Spuller, l'avait successivement agréé pour les évêchés d'Angoulême, de Blois et de Saint-Denis de la Réunion : la Providence le gardait pour Quimper. Grands furent l'explosion et le tressaillement de joie qui éclatèrent dans le diocèse ; mais le plus heureux fut sans doute le Vicaire-capitulaire qui venait de nous rendre à tous un si éclatant service ; il allait enfin remettre en des mains aussi fermes que sages, à un Évêque aussi zélé qu'éminent la direction de notre beau et vaste diocèse.

Quelques jours avant, il écrivait à Monseigneur de Quimper deux lettres, dont nous voulons donner deux extraits. Le premier est court, mais il montre la modestie du prêtre qui n'avait peur que des éloges, se dérobait toujours devant eux ; et dans le second, il aspire au repos.

Il lui avait été demandé des renseignements sur le diocèse et sur le clergé ; il répondit :

« L'usage n'est guère d'adresser des éloges aux personnes « vivantes. Ils ne chatouillent pas agréablement les oreilles « armoricaines et font naître plus de sourires que de convic- « tions. » *(21 Novembre 1887.)*

Plusieurs semaines plus tard, Mgr Lamarche le priant de conserver le titre et les pouvoirs de vicaire-général titulaire, il écrivait :

« Mon collègue accepte avec gratitude les fonctions que « vous voulez bien lui continuer. Moi, Monseigneur, ma car- « rière officielle est terminée. Mes souvenirs s'effacent, ma « main tremble, je touche à mes 80 ans. Dieu qui me reprend « une à une toutes mes facultés, m'avertit de mettre un inter- « valle entre le temps des affaires et celui de rendre mes « comptes. Mais au moindre signe de V. G., je serai toujours à « sa disposition. Dieu m'a fait la grâce de connaître et d'ai- « mer tous les évêques de Quimper depuis le Concordat, et « malgré que je sente errer sur mes lèvres le *Nunc dimittis*, « je ne veux pas le chanter avant de vous avoir donné aussi, « Monseigneur, les témoignages de mon plus affectueux et « absolu dévouement. » *(19 Janvier.)*

Les deux vicaires-généraux ne furent point agréés sans peine par M. le ministre des cultes : l'opposition fut vive, et Monseigneur obtint enfin cette double nomination qu'il dési- rait tant, et à laquelle le diocèse applaudit.

M. du Marhallac'h garda donc ses fonctions de vicaire-général, et parut en cette qualité avec M. l'abbé Serré au sacre de Monseigneur, à Notre-Dame, le 29 Janvier 1888; il seconda le nouvel évêque, comme il l'avait fait pour son pré- décesseur.

Après Pâques, Monseigneur se rendit à Rome, accompagné d'une centaine de prêtres et de fidèles, et malgré les vives souffrances dont il fut atteint et qui justement donnèrent au diocèse les plus vives appréhensions pour un épiscopat qui s'annonçait si beau, il eut la force de présider aux démarches nécessaires pour obtenir un titre de Protonotaire en faveur de M. du Marhallac'h. L'éclat du nom, les services rendus, les hautes positions occupées rendirent faciles les démarches à celui qui en avait été chargé ; peu de jours après, le décret pontifical arrivait à Quimper : le diocèse tout entier fut heureux de cette délicate attention de l'Évêque ; nul ne pouvait la plus mériter, personne ne la porterait mieux : lui seul en fut surpris. Se revêtir des insignes de sa dignité, recevoir les honneurs de sa charge, s'entendre appeler Monseigneur, c'était pour sa modestie un vrai supplice, ce qui ne l'empêcha pas d'exprimer toute sa reconnaissance pour cette distinction romaine, en termes émus et touchants.

Malheureusement, sa santé baissait : déjà dans les deux dernières années de Mgr Nouvel, elle avait inspiré quelques inquiétudes. Elle ne se remit jamais bien, aussi réitéra-t-il l'offre de sa démission de vicaire-général à Mgr Lamarche : elle fut enfin agréée sur ses instances les plus pressantes. Le soir des fêtes de l'inauguration du monument de Mgr Dupanloup, à Orléans, il eut, au presbytère de Saint-Donatien, une violente attaque, à table. Nous le traînâmes au salon, il revint assez vite à lui, mais nos craintes se confirmaient, et le lendemain il s'alitait à Paris, et passait plusieurs jours dans de grandes souffrances. Jusqu'alors il avait joui presque constamment d'une très bonne santé ; la maladie trouvait en ce robuste vieillard une résistance obstinée. Nous le reconduisîmes à Quimper à petites journées. Un mois après il était remplacé et remettait sa lourde succession aux mains de M. le chanoine Fléiter, curé des Carmes à Brest. Il se retira au Pérennou.

Le Pérennou est une ravissante campagne, située à deux forts kilomètres du bourg de Plomelin et à douze kilomètres de Quimper, sur la rivière de l'Odet. Elle est entrée dans la famille du Marhallac'h vers le milieu du siècle dernier. Jusqu'au père du vénéré prélat décédé, elle avait été négligée et n'offrait aucun abri ; on n'y voyait que des landes : c'est lui qui a dessiné le parc, mais c'est surtout son fils qui a tracé ces belles allées, planté ces arbres devenus magnifiques, et exécuté tous ces travaux qui en font la plus belle et la plus visitée des propriétés des environs de Quimper.

Mgr du Marhallac'h l'avait toujours beaucoup aimée : la plus grande partie de sa vie s'y était écoulée : tout y était souvenir pour lui : il y avait eu de grandes joies et versé des larmes brûlantes : il avait doublé et remanié le château très heureusement dans sa disposition intérieure : il l'avait dotée d'une gracieuse chapelle, bénite par Mgr Sergent et enrichie des restes de ses morts : car c'était là sa vie : pendant vingt ans il les avait presque continuellement abandonnés, il les retrouvait, il ne les quitterait plus.

Partageant son temps entre la prière et le travail, il semblait renaître : on le vit dans son parc conduisant ses ouvriers, tous pauvres gens de la paroisse, qu'il occupait par charité, et cherchant d'autres améliorations, d'autres embellissements à faire pour leur prolonger le plus longtemps possible l'aumône du travail, la meilleure de toutes. Il les avait déjà employés autrefois à découvrir les bains romains près de la rivière, il les utilisa pour mettre à jour une maison romaine, grande, placée sur la hauteur d'où l'on a une vue très étendue, et faite dans les mêmes proportions et avec les mêmes dispositions que celles de Pompéi.

Le soir venu, il s'enfermait dans son bureau et travaillait activement à un grand ouvrage héraldique, qu'il a très avancé, et dont il a confié la dernière main à mettre et la publication à son neveu M. Augustin de la Grandière. Cet ouvrage considérable renfermera toutes les armoiries de Bretagne, celles que donne M. Pol de Courcy et beaucoup d'autres encore, mais classées dans un ordre différent et si habilement combiné que l'on pourra aisément retrouver les noms par les armes elles-mêmes, ou les armes par les noms. La continuation de ce travail de bénédictin demandera au moins un an, mais il sera bien accueilli par tous ceux que ces questions intéressent ; son succès est assuré.

Une autre de ses joies était de voir près de lui ceux qu'il aimait, et au premier rang ses neveux, restés tous dignes de lui par leur union entre eux, leurs sentiments chrétiens et la noblesse de leur vie. Un an avant sa mort, presque jour pour jour, il avait eu le bonheur de les voir, grands et petits, passer quinze jours près de lui. Ce fut une longue fête au Pérennou ; il ferma ses livres, se montra joyeux, épanoui et expansif avec les parents, enfant avec les enfants ; il se reposa et se mêla à leurs jeux, les animant d'un grand entrain. Son ordinaire, si modeste et si pauvre même, fit place à des somptuosités que le Pérennou n'avait pas vues depuis longtemps (1).

Hélas ! ils se trouvèrent tous réunis encore près de lui dix mois après : mais quels changements ! leur oncle malade, condamné par les médecins et en proie aux plus vives, aux plus cruelles souffrances, et le château en deuil. Le 7 Juin, jour du grand service annuel pour le repos de Mgr Nouvel, Mgr du Marhallac'h assista très fatigué à cette triste cérémonie ; pour rien au monde il n'aurait voulu y manquer, il estimait que c'était un devoir de cœur. Tous ceux qui le virent furent frappés de son air abattu, et quand, groupés autour de lui, quelques prêtres lui demandaient s'il souffrait, il répondit : « Oh oui ! je souffre beaucoup. » On fut consterné, car jamais on ne l'avait entendu se plaindre ; il fallait que la souffrance fût excessive pour qu'il l'avouât. Trois jours après, le 10 Juin, le médecin ouvrit l'anthrax, le mal empira, et l'agonie, qui devait durer jusqu'au 16 Août, commença.

Dès les premiers moments, il se vit perdu : il avait étudié et pratiqué la médecine, il n'ignorait pas qu'un anthrax aussi violent, à son âge, était mortel. Il voulut s'en assurer une fois de plus, et il eut le courage, au début, pendant qu'on ne le veillait pas encore, d'aller à sa bibliothèque et de relire, dans un Dictionnaire de Médecine, tout ce qui regarde les différentes sortes d'anthrax, afin de suivre sur lui les progrès du mal.

Nous avons dit plus haut que son agonie était commencée dès les premiers jours, tant il souffrait, allongé sur sa chaise longue ou assis dans son fauteuil, sans pouvoir s'étendre sur un lit. La plaie grandissait : de la nuque elle gagnait le sommet de la tête, les côtés du cou et descendait le long du dos. C'était horrible à voir ; mais aucun de ceux qui en ont été les témoins n'oubliera sa patience pendant les plus douloureux pansements, son impassibilité pendant les opérations les plus cruelles et son bon sourire pour le moindre service rendu. Cette énergie surhumaine, il la puisait sans doute un peu dans sa virile nature, mais bien plus encore dans la grâce de Dieu. Il s'était préparé à la mort dès le commencement de

____

1. Ce fut vers cette époque qu'il représenta le diocèse aux fêtes de saint Yves à Tréguier.

la maladie, s'était traîné à sa chapelle pour y communier en viatique et, revenu sur son fauteuil de douleurs, avait demandé et reçu l'Extrême-Onction avec une foi admirable ; mais il n'était sans doute pas encore assez mûr pour le ciel, pas assez broyé sous le faix de la croix, pas assez mort à tout pour recevoir la récompense. Pendant deux longs mois, il s'y prépara, mais quelle préparation ! Il se confessait fréquemment à M. Pouliquen, recteur de la paroisse et, pendant près de six semaines, chaque nuit il recevait la sainte communion, et chaque matin entendait la messe dans sa chambre ; plusieurs fois dans la journée, Mlle Marie de la Grandière lui suggérait des pensées pieuses, et la sœur du Bon-Secours, si dévouée jusqu'à la fin, lui faisait baiser ses deux crucifix : l'un venait de sa chère carmélite de Paris, sa nièce préférée, sans doute parce qu'elle vivait, comme lui, davantage de la croix, et lui écrivait des lettres qui semblaient tomber là comme des lettres du paradis ; et sur les pieds de l'autre, il y avait quarante-sept ans, sa femme mourante avait posé ses lèvres et accepté son sacrifice !

Quand la douleur était trop vive et que la fièvre secouait douloureusement ce pauvre corps, ou bien quand la peine de quitter les siens lui brisait le cœur, pour calmer ces douleurs, rafraîchir ce cher malade et l'inonder de résignation et d'espérances, il y avait un moyen, moyen certain, moyen infaillible : le chapelet récité en français. Dans les moments de crise, on le répétait sans cesse ; le malade murmurait : « Sainte Marie, mère de Dieu... » Bientôt il se trouvait moins mal et redisait cette parole de Mgr Nouvel sur son lit de mort, et mourant de la même maladie : « J'ai confiance, car j'ai beaucoup aimé la Sainte-Vierge. »

Parfois ses souffrances lui laissaient quelques moments de répit, ordinairement c'était dans l'après-midi : il réunissait près de son lit ses neveux, causait avec une bonne grâce parfaite, revenait volontiers sur les détails de sa longue vie et en révélait souvent des parties intimes, connues de Dieu seul. Son âme s'ouvrait, son cœur se dilatait, ainsi qu'il doit être quand on est si près du terme.

Et cependant alors même il savait s'oublier : il dit à plusieurs reprises à son neveu, M. de Blois, ancien magistrat, chevalier de la Légion-d'honneur, tout le plaisir qu'il éprouvait de le voir nommé conseiller général avec cette quantité énorme de voix qui centuplait le prix de cette élection et faisait honneur aux électeurs et à l'élu.

Il eut une autre joie plus grande et plus intime : sur le bord de la tombe, il bénit une union future, qu'il avait désirée, préparée et fait décider ; et alors il reposa avec plus d'émotion ses yeux mourants sur sa petite-nièce à genoux près de son lit.

Bientôt ses forces diminuèrent ; sa fin, si souvent annoncée de huit jours en huit jours, puis de jour en jour, ne venait pas ; de tous côtés on priait pour lui ; Monseigneur avait obtenu de Rome la bénédiction apostolique et tenu à venir lui-même la lui apporter. On voulait avoir de ses nouvelles ; Monseigneur en désirait tous les jours, et il vint le voir plusieurs fois, jusqu'au moment où il s'alita lui-même, atteint de la maladie qu'il avait gagnée dans ses deux longues visites aux malheureux typhiques de l'Ile-Tudy.

Mgr du Marhallac'h cessa de prendre des aliments liquides, la tête s'affaiblit, mais il traîna jusqu'au 16 Août ; ce jour-là, dans la matinée, rien ne faisait prévoir sa fin plus immédiate que les jours précédents. Vers 5 heures du soir, il parut plus faible, la respiration était courte, haletante ; on courut au presbytère prévenir ; M. l'abbé Picard, vicaire de Plomelin, vint lui renouveler l'absolution et réciter les prières des agonisants ; à la fin des litanies du Sacré-Cœur, il leva les yeux au ciel et rendit le dernier soupir, entouré de ses neveux.

Mgr du Marhallac'h allait avoir quatre-vingt-trois ans.

La nouvelle de cette mort, bien qu'attendue et annoncée depuis longtemps, causa à Quimper et dans le diocèse la plus vive émotion ; Monseigneur adressa au clergé et aux fidèles une belle lettre pastorale, destinée à faire connaître quel cœur dévoué, quelle belle intelligence, mais surtout quelle vie sacerdotale il avait eus !

Le corps, revêtu des insignes de sa dignité prélatice, la croix de la Légion-d'honneur attachée au lit de parade, fut exposé deux jours dans la chapelle du château ; la figure n'avait guère changé, elle reposait. Le concours des personnes qui vinrent prier devant lui fut considérable ; la chapelle, transformée en chapelle ardente par les soins des excellentes Sœurs de la Providence, dont il avait été tant d'années le zélé et dévoué supérieur, était tendue avec soin, et elles étaient là jour et nuit comme des orphelines, se relevant, priant et pleurant, comme on pleure un père, pendant que ses petits-neveux se succédaient d'eux-mêmes dans la chapelle et récitaient tout haut le chapelet : on aurait dit, à leur recueillement si touchant, des petits anges en prières.

L'enterrement avait été fixé au mercredi pour permettre aux amis éloignés de venir. La mise en bière se fit à 7 heures : le corps n'avait aucune odeur, et chose extraordinaire, les membres étaient souples.

Monseigneur arriva au château à 10 heures, et commença les prières : une vingtaine de prêtres avaient interrompu la retraite pour venir apporter au vénéré défunt le secours de leurs prières et donner à sa famille un témoignage de profonde sympathie : M. le chanoine Téphany, doyen du Chapitre, plusieurs chanoines titulaires et honoraires, et soixante prêtres au moins s'étaient joints à eux.

Une foule immense venue de Quimper et des autres villes du département et des paroisses voisines suivait le cortège. Toutes les conditions, toutes les classes, toutes les opinions étaient mêlées, Mgr du Marhallac'h n'avait que des amis. Autour de ce cercueil porté par les fermiers, se rencontraient des gens auxquels il avait rendu des services dont lui seul avait perdu le souvenir, des familles qu'il avait sauvées de la ruine et du déshonneur, d'anciens mobiles de Paris qui avaient appris de lui à ne pas pâlir sur le champ de bataille, alors qu'ils s'inclinaient, avant le combat, sous sa main bénissante. Là étaient ses vieux domestiques dont le plus ancien, compagnon de ses jours de bonheur et de malheur, était inconsolable ; ses fermiers, accablés du coup qui leur enlevait un si bon maître ; ses journaliers, tous pauvres, qui ne vivaient que par lui et pour lui, croyant tout perdre en le perdant, et oubliant que les traditions de charité se gardent au Pérennou. Rarement on a vu un tel concours, c'était un vrai triomphe, le triomphe de la vertu, de la bonté, du dévouement.

Les coins du poële étaient tenus par M. de Kerdrel, sénateur du Morbihan ; M. l'amiral du Frétay, sénateur du Finistère ; M. de Kermenguy, député ; M. de Calan, ancien commandant des mobiles du Finistère ; M. Laimé et M. Daniel, ancien maire de Plomelin. Les Supérieurs des Frères de La Salle et de Lamennais, la Supérieure générale des Filles du

Saint-Esprit, venue de Saint-Brieuc pour la circonstance, et une quantité considérable de religieux et de religieuses suivaient le deuil.

La messe fut chantée par M. le chanoine Serré, vicaire-général, ancien collègue de Mgr du Marhallac'h. Monseigneur conduisit le corps au cimetière, et près de la fosse, au milieu du plus respectueux silence, M. de Calan prononça les paroles suivantes :

« Messieurs,

« Si je prends, en ce moment, la parole, ce n'est point avec la prétention de louer, autant qu'elles le méritent, les hautes vertus du saint Prélat que nous pleurons ; ce n'est point avec l'intention de retracer cette vie de sacrifice et de dévouement que vous connaissez tous, car elle s'est écoulée tout entière au milieu de vous.

« Mais, il est une page que vous me reprocheriez, j'en suis sûr, de ne pas reproduire ; une page qui était, vous le savez, la page préférée de son livre de vie.

« Il y a vingt ans, au premier appel du clairon d'alarme, deux hommes quittaient le Pérennou, cette demeure classique de l'honneur et du dévouement : l'un, le type le plus accompli du soldat, bon et loyal, comme sa devise : *Mad ha leal*. C'était notre vaillant ami, le regretté capitaine de Rodellec ; l'autre était celui que nous pleurons.

« Vous dirai-je ce que fut sur les champs de bataille ce prêtre si modeste, si timide même, en apparence ? Vous le montrerai-je volant sous la mitraille au secours des blessés, arrachant de toutes les poitrines des cris d'enthousiasme et d'admiration ? Son chapeau, une balle le lui avait enlevé : ses souliers, il les avait perdus dans la rapidité de sa course ; mais il avait bien autre chose à faire que de chercher à les reprendre : les blessés attendaient.

« Mais je m'arrête, messieurs : à cette heure solennelle, il me reste un devoir plus pressant, plus impérieux à remplir. O mon cher Aumônier, vous qui fûtes mon soutien au jour sanglant de la lutte pour la défense de la patrie, soyez auprès du Tout-Puissant, dans le Ciel, où vous recevez la récompense de vos vertus, l'avocat de vos chers mobiles que vous avez tant aimés. Comme au matin de nos jours de combat, écoutez ma demande et jetez un regard de tendre sollicitude sur cette terre où vous nous laissez, mais où, j'en suis certain, vous ne nous abandonnerez jamais.

« O mon bon, ô mon cher Aumônier, vous qui fûtes notre père, assistez vos enfants ! Priez pour nous ! »

La foule s'écoula en silence ; chacun sentait vivement cette perte et racontait les mille traits inédits d'une bonté inépuisable, qui s'étudiait à ne rien laisser percer au dehors.

Le samedi suivant, Monseigneur chanta un grand service à la cathédrale ; un beau catafalque était placé dans le chœur, où presque tous les prêtres, cent cinquante au moins, sortis de la retraite le matin même, avaient pris place ; ils avaient retardé leur départ pour accomplir ce pieux devoir et mêler leurs prières à celles des fidèles pour le repos de cette grande âme. La nef contenait, comme à l'enterrement à Plomelin, les parents, les amis et les si nombreux obligés du défunt.

Des fenêtres de la chambre occupée par le vénéré prélat, en proie aux souffrances physiques les plus dures et aux douleurs morales que Dieu seul a vues, on aperçoit sur la grande pelouse un bel arbre : c'est un cèdre. Il s'annonçait magnifique, un coup de vent est venu et lui a brisé la tête ; mais l'arbre était vigoureux, ses racines plongeaient dans un sol fertile, et il a poussé des branches nombreuses et robustes. Il peut défier le temps, ses jours ne sont pas comptés. Ainsi nous apparaît Mgr du Marhallac'h : en lui la sève montante était généreuse, abondante ; il s'élevait dans la vie et tout lui souriait. L'épreuve est venue ; sous les coups du malheur, il a courbé la tête, mais son cœur n'a pas cessé de battre, son activité s'est répandue autour de lui, il a produit des œuvres, converti les pécheurs, abrité des âmes. En lui la vie féconde n'a pas manqué, il la puisait en Dieu, dans son devoir et ses souvenirs. Aujourd'hui, il défie les coups de la tempête, ses jours de bonheur ne finiront plus.

Qu'il repose en paix, nous protège et nous obtienne de marcher sur ses traces jusqu'au terme où il est arrivé !

LETTRE

DE MONSEIGNEUR L'ÉVÊQUE DE QUIMPER ET DE LÉON

AU CLERGÉ DU DIOCÈSE

POUR ANNONCER

LA MORT DE MONSEIGNEUR DU MARHALLAC'H

PROTONOTAIRE APOSTOLIQUE

MESSIEURS ET TRÈS CHERS COOPÉRATEURS,

C'est avec un profond sentiment de douleur que Nous vous annonçons le fatal dénouement, hélas trop vivement pressenti depuis longtemps.

Notre très cher et très vénéré Monseigneur du Marhallac'h, Protonotaire apostolique, Vicaire général, Chanoine honoraire de Notre cathédrale, a rendu son âme à Dieu, hier, dimanche 16 Août.

Cette nouvelle provoquera dans le diocèse tout entier une émotion douloureuse et des regrets unanimes : surtout elle atteindra cruellement le clergé de Cornouailles et de Léon.

Le vénéré prélat n'était-il pas dans nos rangs, malgré les précautions dont s'entourait sa rare modestie, la pure et suave personnification du prêtre selon le cœur de Dieu ? Doux et humble, tout à tous, infatigable dans l'accomplissement du devoir, avec ce charme pénétrant de la bonté qui était le fruit des rudes épreuves de la vie et de l'exquise tendresse que l'onction sacerdotale avait versée dans cette âme d'élite.

Le témoignage de sa vie pleine de jours et de mérite que nous déposons sur sa tombe, comme le juste tribut de la vénération et de la reconnaissance du clergé et des fidèles, est pour nous tous un puissant motif de consolation dans la déchirante séparation de la mort. Il nous est bien facile de lui appliquer avec confiance les paroles du Livre saint : « *Beati mortui qui in Domino moriuntur..., opera enim eorum sequuntur illos.* » (APOCAL. XIV.)

La divine Providence lui avait largement départi ses faveurs : la naissance, la fortune, les qualités éminentes de l'esprit et du cœur, les joies d'un intérieur embelli de tout ce qui fait, au jugement du monde, le charme de l'existence. Il avait déjà parcouru la moitié de sa carrière et rien ne faisait pressentir que Dieu voulût en changer le cours par un de ces coups terribles qui nous arrachent l'aveu de l'incurable néant des choses humaines, lorsque la mort vint s'abattre sur son foyer et y resta jusqu'à ce qu'elle eût fait le vide autour de lui. Une âme moins fortement chrétienne se fût affaissée sans espoir sous la violence de ces coups redoublés. Lui, bien qu'atteint au vif de son cœur d'une plaie qui devait saigner toujours, se releva en bénissant la main qui lui apportait, à ce prix, le secret de sa vocation ; et résigné à tout, même à être le dernier survivant d'une race et d'un passé glorieux, il entra au Grand-Séminaire de Quimper : il venait y vérifier, à la lettre, par le sacrifice de tous les avantages du siècle, la devise prophétique de sa maison : « *Usque ad aras.* »

Sa régularité exemplaire et son abnégation complète y firent l'admiration de ses maîtres, tandis que par la simplicité de ses manières et l'enjouement de son esprit il se conciliait les vives sympathies de ses condisciples. Dans cette jeune famille où la grâce de Dieu l'avait introduit par une voie si peu commune, il se considérait comme l'ouvrier de la dernière heure ; aussi après sa promotion au sacerdoce, en 1854, son ambition eut été d'aller occuper la dernière place à côté de ses frères, pour rivaliser de zèle avec eux dans les situations les plus modestes du clergé paroissial.

La Providence avait sur lui d'autres vues. D'ailleurs, un devoir impérieux le retenait à la maison paternelle et à son foyer dévasté, près du noble vieillard dont Dieu avait prolongé l'existence afin qu'il pût s'associer à l'honneur et au mérite du sacrifice de son fils... Tant de grandeur d'âme eut sa récompense dès cette vie ; avant de fermer les yeux, le chef de la vieille et illustre famille bretonne eut la gloire d'entrevoir, à des signes certains, que son nom porté à l'autel par son dernier représentant, devait s'y raviver avec un éclat nouveau et se recommander par un long et doux souvenir à la reconnaissance du pays.

Dans cette belle solitude du Pérennou, que tant de deuils allaient encore attrister, l'abbé du Marhallac'h fut comme la Providence des petits, des pauvres, des malades, de tous ceux qui souffrent des épreuves de la vie. Soulager et consoler furent dès lors et jusqu'à la fin son ministère de prédilection. On peut dire de lui qu'il a prêché l'Evangile par les œuvres de la charité. Son cœur allait, comme par un attrait irrésistible, vers les déshérités de ce monde ; mais s'il faisait le bien avec générosité, il le faisait surtout avec une délicatesse qui doublait le prix du bienfait reçu.

Ce cœur de prêtre était merveilleusement préparé à l'apostolat des situations humainement désespérées, près des pécheurs rebelles aux derniers appels de la miséricorde divine. Il avait le don de pénétrer jusqu'à leur chevet à travers mille obstacles, et là, sans se lasser jamais de leur obstination, calme dans sa douceur inaltérable, il attendait, plein d'espoir, l'heure de Dieu. Peu d'âmes ont été assez malheureuses pour résister aux saintes industries de son zèle.

L'année terrible vint l'arracher à ce ministère fructueux, voilé d'ombre et de silence, pour le transporter sur un théâtre plus vaste et plus éclatant. A l'heure où la France mutilée faisait un suprême appel à toutes les forces du pays, l'abbé du Marhallac'h fut le premier à solliciter l'honneur de la servir jusqu'à la mort, s'il le fallait, dans le seul rôle qui convienne au prêtre de Jésus-Christ au milieu des luttes sanglantes. Chanoine honoraire dès 1858, vicaire général honoraire en 1863, il avait le droit de prendre cette initiative du dévouement qui provoqua de généreux imitateurs dans le clergé de Quimper et de Léon. Avec le titre d'aumônier militaire, il suivit dans la capitale la compagnie des Mobiles de Quimper. Il avait alors 62 ans.

Ce qu'il fit là, dans une période de près de cinq mois que dura le siège, nous le dirons rapidement : à ces soldats improvisés qui marchaient au sacrifice, il apprit par ses leçons et son exemple, à vivre sans reproche afin de mourir sans peur pour Dieu et la Patrie : c'est tout le secret de l'héroïsme... les détails, nous les passons sous silence : le pays les connaît et les redira longtemps avec admiration. La croix de la Légion-d'honneur fut devant les hommes la récompense de sa conduite ; il l'accueillit modestement comme un souvenir précieux ; le témoignage de sa conscience devant Dieu suffisait à cet homme du devoir.

De son court passage à la Chambre des Députés, où l'avaient envoyé les suffrages du Finistère, il emporta une faveur dont il était heureux, le titre officiel qui créait la paroisse des îles Glénans. Il avait l'ambition d'en être le premier pasteur et réussit sans peine, on le devine bien. A ce titre, il avait le privilège de fonder à ses frais l'église et le presbytère de la nouvelle paroisse, de subvenir aux besoins du culte, de partager les privations et les dangers de la rude existence des quelques familles de pêcheurs qui vivent sur ces sables arides et ces rochers sauvages, au milieu des tempêtes de l'Océan. Mais en retour il avait trouvé l'occasion de réaliser l'idéal de la mission du prêtre : il évangélisait les pauvres à la façon du Divin Maître : *Evangelizare pauperibus misit me.* (Luc. IV. 18.) Il resta deux ans à ce poste du sacrifice volontaire.

Monseigneur Nouvel, de sainte mémoire, l'appela, en 1873, à prendre part aux travaux de son administration. Ces deux âmes étaient faites pour se comprendre. L'une et l'autre avaient l'amour passionné de la sainte Église et la même ardeur à la servir : l'ascendant des vertus austères qui commandent le respect avec la simplicité qui tempère le respect et provoque une confiance entière.

Il accepta l'honneur simplement, par déférence pour l'autorité, et surtout comme une charge qui ouvrait une ample carrière à son dévouement. Outre sa science des affaires et son expérience acquise des services administratifs, le nouveau Vicaire général apportait dans l'exercice de ses fonctions, deux qualités éminentes : une égalité d'âme à l'épreuve de toutes les secousses, une puissance de travail infatigable. Peu ont mérité plus que lui l'éloge du saint Evangile : *Fidelis servus et prudens quem constituit Dominus suus super familiam suam.* (Luc. XXII. 45.)

Des longs services qu'il a rendus, Nous ne voulons révéler que deux qui resteront dans nos annales diocésaines indissolublement liés à son nom. L'institution de la Confrérie de la Doctrine chrétienne et la réintégration canonique du culte, après un oubli trop prolongé, du Bras de saint Corentin.

La première de ces œuvres fut le point de départ du mouvement généreux qui, au prix de sacrifices admirables. a multiplié sur tous les points du diocèse les écoles chrétiennes : la seconde en consacrant l'authenticité de la Relique insigne, a ranimé la foi des fidèles bretons en la retrempant à sa source apostolique. On put s'en rendre compte, le 12 Décembre 1886, à voir les témoignages enthousiastes des multitudes accourues pour célébrer le grand événement. Hélas ! c'était la dernière fête en ce monde du saint Évêque de Quimper ; il mourait à la tâche quelques mois après. Sa mort porta un coup terrible à celui qui avait été pendant quatorze ans le confident intime de ses pensées aussi bien que le serviteur dévoué de ses volontés. Le dernier lien qui l'attachait au monde semblait être délié : aussi, quand le Vénérable Chapitre lui déféra la charge de gouverner le diocèse pendant la vacance du siège, on dut recourir à un moyen délicat : vaincre sa modestie en lui montrant qu'il était nécessaire ; il répondit avec saint Martin : *Non recuso laborem*, et il se mit à l'œuvre. Avec quelle ardeur de zèle, avec quelle sagesse ! vous le savez. Pour Nous, appelé par la grâce de Dieu, et la miséricorde du Saint-Siège apostolique à recueillir de ses mains l'héritage de saint Corentin et de saint Pol Aurélien, c'est un devoir bien doux de manifester ici hautement Notre reconnaissance personnelle vis-à-vis- de l'administrateur prudent et dévoué qui, après Nous avoir préparé la voie, consentit, avec une déférence si gracieuse, à différer l'heure de la retraite pour Nous assister du concours de son expérience.

Peu de mois après, à Notre retour de Rome, il Nous fut donné de combler les vœux de Notre Clergé en apportant à celui qui était l'objet de la vénération universelle, les honneurs de la prélature. A la première annonce de cette haute distinction, destinée dans la pensée de l'Église à consacrer les services éminents, ce prêtre de si rare modestie eut un moment d'embarras visible ; mais chez lui la délicatesse égalait la générosité des sentiments ; il s'inclina confus de l'honneur qui lui était déféré en Nous adressant un de ces mots exquis dont il avait le secret.

Sa tâche accomplie, Monseigneur du Marhallac'h, bien que toujours empressé de répondre au premier appel fait à son dévouement, rentra, pour se préparer à mourir, dans la solitude où, quarante ans auparavant, il avait compris la voix du ciel au milieu des déchirements de son cœur.

Trois années de paix, écoulées dans le recueillement de la prière et les œuvres de la charité, précédèrent les cruelles épreuves de sa longue agonie : car, par une faveur spéciale, le Divin Maître a voulu l'attacher à la croix.

Nous l'avons vu pendant plus de deux mois aux prises avec d'intolérables souffrances, toujours calme et résigné à la volonté de Dieu, toujours plein de confiance dans sa miséricorde. souriant au nom béni de la Vierge Marie, continuer jusqu'à la mort le grand exemple de sa vie sacerdotale... *Beati mortui qui in Domino moriuntur... opera enim illorum sequuntur illos.* C'est à Nous maintenant de lui payer Notre dette de reconnaissance, et par tous les moyens de satisfaction dont Nous disposons, d'intervenir en sa faveur au tribunal du Souverain-Juge.

Pie Jesu Domine, dona ei requiem sempiternam !

Agréez, Messieurs et chers Coopérateurs, Nos sentiments affectueux en Notre-Seigneur.

† THÉODORE,

Évêque de Quimper et de Léon.

FIN.

Quimper, typ. de Kerangal, impr. de l'Évêché.